A POPULAR HISTORY
OF PHILOSOPHICAL
HERMENEUTICS

哲学诠释学通俗小史

从泰勒斯到伽达默尔

戎川 著

·北京·

图书在版编目（CIP）数据

哲学诠释学通俗小史：从泰勒斯到伽达默尔 / 戎川著. -- 北京：文化发展出版社，2025.4. -- ISBN 978-7-5142-4584-4

Ⅰ．B5-49

中国国家版本馆CIP数据核字第2025AP5795号

哲学诠释学通俗小史：从泰勒斯到伽达默尔

著　者：戎　川

责任编辑：安玉霞	责任校对：岳智勇
责任印制：邓辉明	封面设计：刘　伟

出版发行：文化发展出版社（北京市翠微路2号 邮编：100036）
发行电话：010-88275993　010-88275711
网　　址：www.wenhuafazhan.cn
经　　销：全国新华书店
印　　刷：中印南方印刷有限公司

开　本：880mm×1230mm　1/32
印　张：7.5
字　数：138千字
版　次：2025年4月第1版
印　次：2025年4月第1次印刷

定　价：49.00元
ＩＳＢＮ：978-7-5142-4584-4

如有印装质量问题，请与我社印制部联系　电话：010-88275720

目录

前言 　　　　　　　　　　　　　　　　　　001

第一章　真理观的诞生　　　　　　　　　　001
　一、对"存在"问题的思考　　　　　　　003
　二、源初意义的"存在"　　　　　　　　016

第二章　真理的最初显现　　　　　　　　　039
　一、"存在"作为真理　　　　　　　　　041
　二、真理被囚禁在定义中　　　　　　　　046
　三、苏格拉底一系的真理观与真理观的转向　057

第三章　真理与生活的剥离　　　　　　　　075
　一、真理作为可被静观的"实体"　　　　077
　二、真理由普遍性的"我"来衡量　　　　087

第四章　解决主客之间的割裂　　101
　　一、回到"辩证法"　　103
　　二、真理通过具体的人来展开　　116

第五章　"前理解"为真理塑形　　147
　　一、正见始于偏见　　149
　　二、"前理解"之于真理的意义　　170

第六章　"视域融合"使真理成形　　187
　　一、非科学真理的"关系"结构　　189
　　二、非科学真理即"视域融合"的真理　　204
　　三、"视域融合"真理的合法性　　219

前　言

　　哲学诠释学是探讨如何理解和解释文本、事件乃至整个世界意义的哲学反思。它的起源可以追溯到古希腊时期，当时哲学家们对"存在"问题的探讨可以说是哲学诠释学的活水源头。真正意义上的哲学诠释学，是在19世纪德国哲学家施莱尔马赫和狄尔泰的努力下逐渐成形。施莱尔马赫致力于圣经释义学中的科学性和客观性问题的研究，提出了避免"误解"的普遍性理论。狄尔泰则将诠释学提升到了哲学的高度，提出了"历史理性批判"的解释学，强调在具体历史情境中理解和诠释文本的重要性。到了20世纪，海德格尔和伽达默尔进一步将诠释学发展成为本体论诠释学，认为理解和解释不仅是方法，更是意义本身的呈现。

哲学诠释学提供了一种全新的理解和认识世界的方式。在其看来，世界不单是客观存在的静态实体，更是通过我们的语言和经验而不断被诠释和构建起来的"意义体"。这种视角打破了传统哲学的主客观二元对立观，强调了主体与客体的互动关系。"哲学诠释学"也促进了人文社会科学的交叉融合。它涉及哲学、语言学、文学、历史学等多个领域，反映了当代人文科学研究领域相互融合的趋势。这种跨学科的方法论，为人文科学研究提供了新的思路和工具。哲学诠释学与其他哲学流派既有关联也有区别。比如，现象学强调对现象的直接把握和描述，而哲学诠释学则在此基础上进一步探讨如何理解和解释这些现象背后的意义。存在主义关注人的存在状态和自由选择，哲学诠释学则通过理解和解释人的经验世界来探讨人的存在意义和价值。与实证主义相比，哲学诠释学又反对将科学方法简单应用于人文社会领域。它认为人文现象具有独特性和不可重复性，无法用自然科学的实证方法来精确测量和验证。因此，哲学诠释学更强调理解和解释的多样性和主观性。

西方哲学的译著常给人以朦胧而深邃之感，仿佛雾里看花，令人看不懂参不透。本书则以通俗晓畅的语言，用相对简短的篇幅，轻轻掀开这层神秘的面纱，期待引领着每一位热爱智慧的读者，踏上一场从古希腊到伽达默尔的哲学探秘之旅。本书以西方哲学对"存在"问题的探讨为主线，巧妙地串联起千年的哲学思想，让我们仿佛穿越时空，与那些伟大的哲学家进行一场跨越千年的对话。这场探险之旅的终点，便是伽达默尔的哲学诠释学。希望西方哲学在读者面前不再是高高在上的阳春白雪，而是与我们每个人的生活息息相关的人生智慧。让我们一同跟随本书的指引，开启这场思想的探险之旅，享受这场心灵的触动盛宴吧！

第一章

真理观的诞生

一、对"存在"问题的思考
二、源初意义的"存在"

一、对"存在"问题的思考

人类，作为生物界中的一员，具有一种普遍且不可避免的特点，即"被"带到这个世界上。在我们踏上这片土地之前，没有人征求过我们的意愿，至少在我们能感知的范围内，我们似乎无法对自己的出生做出任何选择。诸如"是否选择出生"或"选择在哪里出生"等这样的问题，对我们而言，都是无从选择的。同样，另一个我们无法抉择的终点便是死亡。出生的迷茫与死亡的必然，或许是世间所有人唯一平等经历的两件事情了。

然而，正是这两个我们无力决定的时刻，使得人生显得更加悬空与不确定。由此，我们的人生便蕴含了一种偶然性与宿命性的意味。这恰恰是因为人生的起点和终点都被笼罩在黑暗之中，我们既不知道从何而来，也不知道将去何处。而中间这段看似光明的旅程，反而成了束缚我们的囚笼。在这里，并不是光明驱散了黑暗，反而是黑暗

"点亮"了光明,使得我们的人生显得如此矛盾和迷惘。

对于这种自由却迷茫的无力感,佛教有一个专门的词汇——无明。当然,在这里使用的"无明"并非其严格意义上的佛教概念,而只是作为一种象征性的比喻。人生在世,自从我们拥有意识以来,就面对着纷繁复杂的万物——山川河流、动物植物,以及不断发展的人类文明。我们无法从宏观的角度去面对整个人类历史,只能通过个人的经历去感知和理解眼前的一切。因此,无论是古代的先民还是今天的我们,无论面对的是前文明的时代还是高度发展的文明时代,呈现在我们面前的始终是现成的世界,而非一个连续不断、变化发展的过程。

然而,与其他生物相比,人类拥有一个显著的特点:我们会"反思"。这种反思的能力体现在人类行为的方方面面,尤其是我们善于对各种现象进行发问,对任何事物都会追问一个"为什么"。这个问题可以小到日常生活的琐碎事务,也可以大到追问宇宙的本质与人类文明的起源。正是这种不断追问的精神,使得人类能够不断进步,不断探索未知的世界。相比之下,动物则缺乏这种反思的能力。

◇ 米勒 素描作品

>>> 每当想到生、死两端的黑暗，往往让人更加茫然无力，每个人虽然有不同的人生，但人生的意义究竟指向何处呢？

它们更多的是适应眼前的环境，随着环境的变化而调整自己的行为。虽然动物也具有一定的学习能力和对外在环境的适应性，但它们无法像人类那样深入地思考和反思，无法去探索和理解世界的本质和规律。这种"反思"的能力，使得人类在面对现实的世界时，能够不仅仅停留在表面的感知和理解上，而且能够进一步深入挖掘万事万物现象背后的本质和规律，这也正是人类能够不断进步和发展的关键所在。通过反思和追问，我们能够更好地理解世界，更好地应对生活中的挑战和问题。

因此，人生虽然充满了偶然性和宿命性，但正是这种无法选择的出生和死亡，以及中间的这段看似光明的旅程，恰恰构成了我们独特而复杂的人生。而人类的反思能力，则使得我们能够在面对现实的世界时，保持一种深入探索和不断追问的精神。这种精神将推动我们不断进步和发展，去探寻和理解这个世界的奥秘。同时，这种反思能力也让我们意识到，尽管人生充满了未知和变数，但我们依然可以通过自己的努力和选择，去影响和塑造我们的人生。虽然出生的起点和死亡的终点是我们无法控制的，但在这两点之间的人生旅程，却是我们可以通过自己的努力和选择来丰富和充实的。我们可以通过学习、成长、探索和创新，去创造属于我们自己的人生价值和意义。

在这个过程中，我们也会逐渐认识到，人生的意义并不仅仅在于追求物质的满足和享受，更在于我们如何面对和应对生活中的挑战和问题，如何通过自己的努力和选择去影响和改变世界。而这种改变和影响，也许正是我们人生旅程中最宝贵的财富和成果。因此，尽管人生充满了未知和变数，但我们依然可以通过自己的努力和选择，去创造属于我们自己的人生奇迹。

人，不知为何、如何，就这样来到了这个世界。这种突如其来的出现，充满了偶然性与茫然性，让人不知所措。这种状态，被海德格尔深刻地描述为"被抛"——仿佛我们在某一刹那，被无端地抛入了一个全然陌生的环境，必须在这个环境中摸索、求生。想象一个人突然被置于一个未知之地，四周全是陌生的风景和声音，那种无助与茫然，恰如我们初来这个世界时的感受。但与其他生物不同的是，人类拥有一种独特的能力——反思。当我们从最初的混乱

◇ 约翰·威廉·格维得《反思》

>>> 当我们看到朝阳透过窗户洒到我们的身上，人生的茫然无力，是否会有暂时消融之感呢？这一刻或许就可以窥见人生的意义。

与恐惧中逐渐冷静下来，开始审视四周，我们会发现，这个世界的一切都在不断地变化，唯有"变化"本身是不变的。这就是世事无常，唯有无常是常。

面对这样的现实，人们不禁开始深入反思：我们活着的意义究竟是什么？这个世界，以及其中的万事万物，它们的存在有何意义？如果一切都会随着时间的流逝而消逝，那么这个世界是否真的有必要存在？但事实是，这个世界确实存在，我们也确实身处其中。这让人不禁想起维特根斯坦的那句感叹，真正令人震惊的，不是这个世界如何运转，而是它竟然存在。再进一步，当我们认识到万物的暂时性，那么所谓的"道德"又有何意义？在一个终将消逝的世界里，道德准则是否只是人类自我安慰的产物？或者，它真的有一种超越时空的价值吗？这些问题，或许没有绝对的答案，但它们促使我们不断地思考、探索，寻找生命与存在的真谛。于是，人们开始积极地探寻人生开端之前与结束之后这两段"黑暗"地带的光明。这种探寻，并非徒劳无功的幻想，而是人类对于生命本质和意义的深刻追求。其结果则展现为不同的文明形式，彰显了人类对未知的不懈探索和对生命真谛的渴望。

在儒家文化中,我们能看到一种"既来之,则安之"的坦然态度。儒家学者们认为六合之外存而不论,"未能事人,焉能事鬼",即对于宇宙世间万物之外的世界,我们无须过多探讨,因为那超出了我们的认知范围。他们主张,只要把人生这一段时光过得充实、有意义并尽人事即可。在儒家看来,人事不尽则不可以言命,人生的意义在于我们如何度过这一生,而非纠结于生命起源和终结的奥秘。因此,儒家立足于将人生这一小段"光明"过得淋漓尽致,追求内心的满足与道德的完善。他们认为,无愧于自己的"良知"就是人活着的根据,是人生的最高准则。

与儒家不同,道教则追求长生不老,他们试图从人类发展的整体角度去审视人生的意义。道教的世界观体现在其修行上,就是追求与道合一,与天地同寿。他们相信,只有通过与宇宙的和谐共存,才能找到人生的终极根据,从而破除人生两端以外的黑暗。道教在后期受到佛教的影响而发展出"内丹学",虽然改变了长生的方式,但其核心内涵——追求生命的永恒与超越——并没有发生根本性的

◇ 爱德华·蒙克《呐喊》

>>> 在你孤独无助的时候,就像一个突然被丢弃在陌生之地的失声者,无论如何呐喊,也无法触动周围来来往往的过客。

◇ 阎立本《孔子弟子像》

>>> 儒家重现世而不重来生,无愧于"良知"就是有意义的人生。

改变。

佛教则是站在另一个角度来审视这个世界和人生。他们从破无常的角度出发，对生命的短暂与无常有着深刻的认识。虽然佛教发展到后期派别众多，但各派对于无常的肯定是大致相同的。佛教恰恰是站在人生的两端以外来审视人生，他们试图在生活的当下破除人生两端之外的黑暗。他们以"空"为指导思想，在虚无中看到"有"，在有中又体味"无"，以此来破掉无明，达到彻底的光明状态。当然，佛教的修习次第与破掉无明的过程与方法绝非简单的描述所能涵盖，各派别虽然有不同的方法，但最终都试图达到最为究竟的解脱。

在西方哲学中，对于人生开始之前与结束之后这两段"黑暗"的探寻，则体现为对"存在"的探索与思考。西方哲学从古希腊开始，就一直在探讨存在的本质和意义。他们试图通过理性思考和逻辑推理，来揭示存在的奥秘和人生的真谛。无论是柏拉图的理念世界，还是亚里士多德的实体论，抑或康德的先验哲学和黑格尔的辩证法，都是对存在进行深刻反思和探讨的产物。

◇ 清宫廷画家丁观鹏《释道人物画》

>>> 道教立足于现实人生而超然,从自己的身体出发而破除生、死两端的黑暗。

◇ 南宋明州佛画《阿弥陀如来接引图》

>>> 呼唤"阿弥陀佛",其实是在呼唤本真的不生不灭的自我。

总的来说，人们对于人生开端之前与结束之后这两段"黑暗"地带的探寻，体现了人类对生命本质和意义的深刻追求。不同的文明形式和文化传统，都在以各自独特的方式回应这一追求。无论是儒家的"尽人事"、道教的"长生不老"、佛教的"破无常"，还是西方哲学对"存在"的探索，都是人类试图揭开生命奥秘、寻找人生真谛的重要尝试。这些尝试不仅丰富了人类的文化宝库，也为我们提供了更多理解和把握生命本质的视角和方法。同时，这种探寻也反映了人类对未知的渴望和对自由的追求。人类总是试图超越自身的局限，去探索更广阔的领域和更深层次的真理。正是这种不懈的追求和勇敢的探索精神，推动了人类文明的进步和发展。因此，我们应该珍视这种探寻精神，继续前行在追求真理和光明的道路上。

二、源初意义的"存在"

我们总是心安理得地面对着眼前的万事万物，仿佛这一切都是理所当然的存在。无论是那晴朗时分的湛蓝天空，

◇ 拉斐尔《雅典学院》

>>> 感受古希腊哲学的活泼，体味东西方文化在本原层面的相通。

还是高山的巍峨雄壮，大海的纵横深邃，我们视之为常识，仿佛它们自古以来就应当如此。而周遭熟悉的生活环境，饥饿时尽情享受的那些色彩斑斓、味道鲜美的美食，更是让我们觉得一切都是那么和谐与美好。然而，在这看似平静的生活背后，实则隐藏着一种我们难以察觉的危机。这种危机，源于我们对这个世界"存在"本身的忽视。我们仿佛被抛入了一个已经给定一切的世界中，安然地享用着这一切，却未曾深入思考过它们为何存在。这种对"存在"的漠视，实则是西方哲学从其源头开始而不断遮蔽并渐行渐远的过程，也是西方哲学发展千年所持续探讨的核心问题，整个过程就是"遮蔽"与"还乡"。

当我们对眼前的一切心安理得地接受时，这种态度在语言上的体现，就是我们对周围的一切不假思索地说"是"或者说"存在"。这个"存在"的概念，是西方哲学的核心问题之一。这个词源于希腊文的"on"，拉丁文为"ens"，在英语中则是我们熟知的"being"。而我们平时所提到的"存在论"或者"本体论"的"ontology"，便是研究"on"的学问。对"on"的深入探索，构成了"ontology"的主要内容。在中文中，"存在"的翻译主要有两种：一是"存在"，二是"是"。这两种翻译在学术界中一直存在争议。毕竟，要定义一个中文中原本没有的词，其难度可想而知。这其中的差异，实则源于世界观的迥异。而在本书中，则选择了惯常的翻译——"存在"。

当我们重新审视眼前的世界，我们会发现，"存在"并非一个简单的问题。它关乎我们对这个世界的认知，以及对万事万物的理解。我们不能仅仅心安理得地接受眼前的一切，而应该深入思考它们为何存在，它们的存在又意味着什么。在这个过程中，我们或许会遭遇无数的困惑与挑战，但正是这些思考，让我们更加接近真理，更加理解这个世界。因此，面对"存在"的问题，我们不应该回避，而应该勇敢地迎难而上，去探索这个世界的奥秘。同时，我们也应该意识到，对"存在"的探索并非一蹴而就的过程。它需要我们不断地学习、思考和实践，才能逐渐揭示出这个世界的真实面目。在这个过程中，我们不仅要关注眼前的万事万物，更要关注它们背后的本质和规律。只有这样，我们才能真正理解"存在"的意义，从而更好地生活在这个世界上。对于任何一个问题的深入探索，我们往往习惯于从表面的现象开始剖析。这种方法论的应用是广泛的，无论是在科学研究、哲学思考中，还是在日常问题的解决中。对"存在"这一深奥而又基础的哲学概念的反思，也同样遵循这样的路径。

在日常生活中，我们总是毫不犹豫地接受着周围的一切。当我们看到一张桌子，我们的思维几乎瞬间就能判断出这是一个可以供我们学习、工作或用餐的平台。这种判断是如此自然而然，以至于我们从来不会对此产生任何疑问。桌子，就是桌子，它在那里，发挥着它应有的作用，这是一个再简单不过的生活常识。再比如，当我们远眺，看到一座巍峨的山峰耸立在眼前，如果有人询问那是什么，我们会毫不犹豫地回答"那是一座山"，或者用更简洁的哲学语言来表达"那座山存在"。这个回答在我们看来是天经地义的，因为它符合我们对世界的直观感知。然而，就在这个看似简单的回答中，却隐藏着一个深刻的思维预设，那就是"某物存在"。这个预设在我们的日常语言中无处不在，却往往被我们忽视。比如，在"那是一座山"这个句子中,"那"和"山"都是可变的元素,它们可以指代任何特定的对象。但是,句子中的"是"却是一个恒常不变的存在。这个"是",或者说"存在",构成了我们描述和理解周围世界的一个基本前提。

我们总是默认,我们周围的一切都是已经在先存在的。在这个前提下,我们才能够用语言去指称它们,去描述它们,去与它们进行互动。这种对"存在"的默认接受,是我们生活中不可或缺的一部分。然而,这个看似显而易见的问题,却引起了古希腊哲学家以及后来的西方哲学家的深刻思考。他们不满足于仅仅接受世界的存在,而是试图探究这背后的更深层次的原因和意义。为什么这些东西会存在?它们的存在是如何被我们认识的?这些问题构成了哲学思考的核心,也推动了人类对世界本质的不断探索。因此,当我们再次面对周围的一切时,或许可以稍作停留,思考一下这些看似常识的事物背后所蕴含的深刻哲学意义。这样,我们不仅能够更加深入地理解世界,也能够更加珍视我们与这个世界之间的联系。黑格尔曾经深刻地指出:"熟知非真知。"这一观点犹如一盏明灯,照亮了哲学探索

◇ 尼古拉斯·罗埃里希《喜马拉雅山脉》

>>> 我们看待世界的视角，决定了我们眼中这个世界的样子。

的道路。哲学，这门深刻的学问，往往从人们司空见惯、熟视无睹的现象入手，进行深入的反思与剖析。因为"熟知"常常伴随着"遮蔽"与"忽略"，让我们无法洞悉事物的本质。只有与熟知的事物保持一定的距离，我们才能揭开那层神秘的面纱，真正领略到"未知"的"熟知"之美。

当我们尝试用言语去描述这个世界时，思维中总有一个隐形的前提在默默支撑着我们的表达。这个前提如同一个稳固的基石，确保了万事万物的有序存在。在这个背景下，巴门尼德在西方哲学史上第一次提出了"思与在是同一的"这一革命性的观点。他将人们的认知路径划分为"意见之路"与"真理之路"。"意见之路"，顾名思义，是那条充满变数、纷繁复杂的世俗之路。它如同一个变幻莫测的舞台，上演着世间万物的悲欢离合。在这条路上，人们被各种表象所迷惑，难以触及事物的本质。而"真理之路"，则是那条通往智慧与真谛的康庄大道。它聚焦于"是"本身，这个简单而又深邃的字眼，凝聚了哲学的精髓。巴门尼德坚信，只有思想才能把握这个深不可测的"是"。

◇ 达·芬奇《蒙娜丽莎》

>>> 每个人眼中都有属于他自己的"蒙娜丽莎",这些都是"蒙娜丽莎"透过每个人而呈现出的不同特点。

回望早期古希腊哲学家的思想历程，我们会发现他们对"存在"的描绘充满了诗意与想象力。他们的形容并非干瘪的逻辑堆砌，而是充满了"比喻性"与"色彩性"，使哲学思想变得鲜活而富有生命力。以巴门尼德为例，他在形容"存在"时，曾将其比作一个滚圆的球体，这个球体从中心到每一边的距离都相等，完美无瑕。这样的描绘不仅展示了存在的完满性，更显露出早期希腊哲学对于经验与理性相互交融的独特理解。在那个时代，哲学家们尚未将经验与理性截然分开，而是将它们融为一体，共同探寻存在的奥秘。这种混合在一起的"存在"属性，似乎更加贴近存在的本来意义。它让我们意识到，存在并非一个孤立、抽象的概念，而是与我们的生活经验紧密相连，与我们的理性思考相辅相成。

总的来说，黑格尔的"熟知非真知"提醒我们要保持对熟知事物的警惕与反思，而巴门尼德的"思与在是同一的"则为我们揭示了一条通往真理的道路。早期古希腊哲学家们以他们独特的视角和诗意般的描绘，让我们对"存在"有了更加深刻而全面的认识。他们的思想成果不仅丰

◇ 巴门尼德

>>> 把握"真理"而不迷惑于"现象",追求"现象"而死于"现象"。

富了哲学的内涵，更为我们提供了一种全新的思考方式和生活态度。

在探讨早期希腊哲学家的思想时，我们不得不提及赫拉克利特这一杰出人物。他对于周围万物的理解独具匠心，给人留下了深刻的印象。在赫拉克利特看来，我们所处的世界，并无一个具体的创造者；相反，他将这繁复多变的世界比喻为一团熊熊燃烧、永恒不灭的火焰。这火焰，并非肆意妄为，而是遵循着某种神秘的规律，他形容这火焰"按照一定的分寸燃烧，按照一定的分寸熄灭"，"人不能两次踏进同一条河流"这句名言便是出自他。这样的描绘，不仅富有诗意，更充满了哲学深意。这些形象的比喻，不仅使得赫拉克利特的思想变得生动而鲜活，更让我们能够直观地感受到存在的脉动。当我们沉浸在这样的哲学思考中时，仿佛能够伸出手去，触摸到那鲜活跳跃的存在本身。这也正是为什么，尽管时光流转，西方哲学在不断地发展中，却始终会回溯到希腊哲学的源头。因为那里有着最原始、最鲜活的思考，使得希腊哲学始终保持着旺盛的生命力，源源不断地为后世的哲学家提供灵感与启迪。

在赫拉克利特的思考中，那团永恒燃烧的火焰所遵循的"分寸"，便是他所称的"逻各斯"。这里的"逻各斯"与"存在"是息息相关的，甚至可以说是同一的。它代表着一种不变的法则，一种永恒的真理，正是这种法则和真理，维系着万物的运行与变化。"逻各斯"一词，在希腊语中蕴含着丰富的意义。它可以指言说、理性、比例等。在中文中，我们难以找到一个完全对应的词来翻译它，因此常常采用音译的方式。同时，由于赫拉克利特强调"从一切产生一，从一产生一切"，这与老子哲学中的"道"有着异曲同工之妙。因此，有时我们也会用"道"来诠释"逻各斯"的深层含义。

追溯"逻各斯"的源初意义，我们会发现它与荷马史诗《奥德赛》紧密相连。在史诗中，"逻各斯"被赋予了"聚集"的含义。这种"聚集"不仅仅是物理上的汇聚，更代表着一种动态的、形成性的力量。赫拉克利特通过这一概念，将如"常"的存在隐于无常之中，以此来表述他对世界的理解。逻各斯，作为一种"分寸"或"法则"，存在于我们日常生活的方方面面。它使得我们能够理解并把握周围世界的运行规律，从而将存在显现于凡尘当中。在赫拉克利特的哲学体系中，"存在"本身聚集了万事万物，而万事万物又反过来使得"存在"得以彰显。这种互相依存、互相统一的关系，构成了一个和谐而完整的整体。在这里，我们看不到任何分裂或对立的存在，只有和谐与统一。

通过审视赫拉克利特等早期希腊哲学家对存在的描述，我们可以发现一个有趣的现象：他们从未试图去定义"存在"，而是通过生动的描述来展现存在的本质。正是这种描述方式，保证了存在作为其本身的活力和新鲜感。它永远是先于主客之分的，超越了我们对于世界的有限认知。这种描述方式，不禁让我们想起了庄子笔下的"混沌"故事。当南海之帝儵与北海之帝忽为中央之帝混沌凿出七窍后，混沌并未因此获得新生，反而走向了死亡。这一寓言深刻地揭示了定义与界限的局限性。只有那些落入现实框架之内的"死物"才会转瞬即逝，如同世间万物都经历着成、住、坏、灭的循环。一旦万物被"定义"或"成为"了某种特定的形态，它们便不可避免地走向衰败和灭亡。这正是混沌死亡的原因——它也变成了被定义的、转瞬即逝的倏与忽。而真正的存在，应该是超越定义、永葆活力的。

在西方哲学的发展历程中，古希腊哲学始终被视为一个宝贵的灵感之源。无数哲学家在这个古老的智慧之泉旁驻足，汲取着它深邃而博大的思想精髓。为何古希腊哲学能有如此持久的魅力？这与早期古希腊哲学家们对"存在"的独特描述方式息息相关。当我们深入剖析这些哲学家的思想时，不难发现他们对"存在"的理解充满了诗意的深邃。从他们对存在的描绘中，我们可以感受到一种完满、动态与鲜活的在场意味。这种描述方式，不仅赋予了"存在"以生动的形象，更让后世的哲学家能够在其中得到无尽的启示。对于古希腊人而言，"存在"并不仅仅是一个抽象的概念，它更多地指向了一种在场的状态。这种在场，不仅仅是物理上的存在，更是一种精神上的永恒。只有当某种事物始终在场，它才能保持其常新不衰的魅力；而一旦被禁锢或定义，它便可能失去其鲜活的生命力，变得僵硬而刻板。这里，我们不禁想起了庄子所讲的故事：当混沌被凿出七窍后，便随风而逝。这恰恰说明了，任何被固

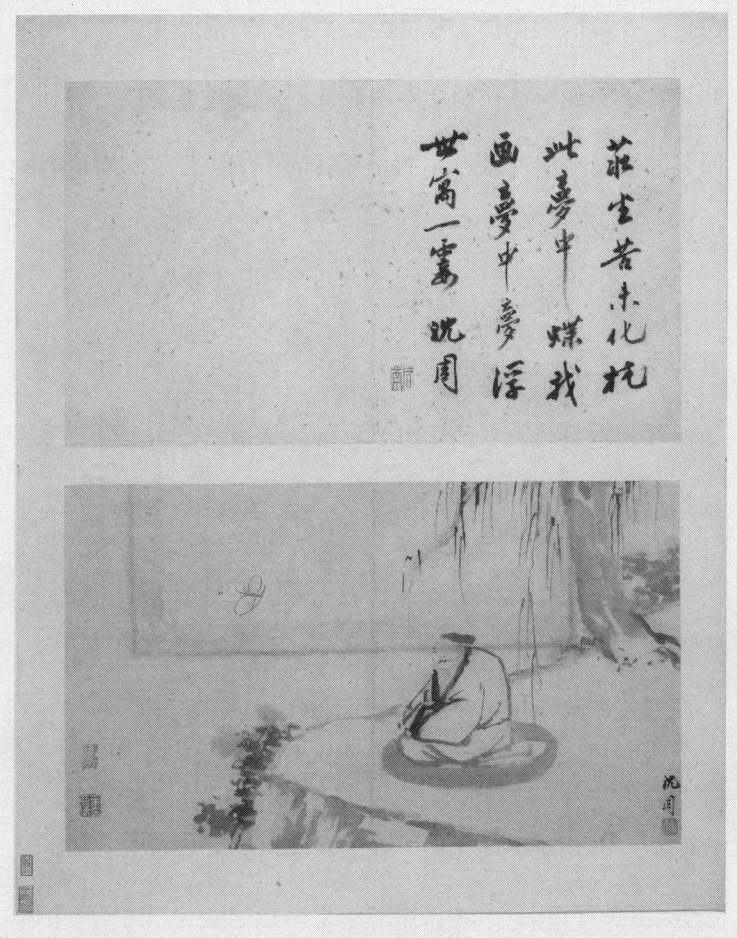

◇ 沈周《庄周梦蝶》

>>> 一旦被"定义",就不免死于"定义"中,所谓"君子不器"。

定化、被禁锢的存在，都将失去其原有的活力和魅力。因此，真正的创新往往源于对源头的回归和重新解读。这种回归并不是简单的重复，而是在新的历史条件下，对原有思想的重新挖掘和发展。

那么，为何源头能够成为"活水"呢？这正是因为它具备了"无"的特性。这里的"无"并非指空无一物，而是一种超越具体存在的、更为广阔的可能性。它象征着无限的可能性和变化，使得源头之水能够源源不断地流淌，滋养着后世的哲学思想。海德格尔曾对西方哲学发出过这样的疑问："为什么存在者'在'而'无'反倒不在？"这个问题深刻地揭示了"无"的重要性。如果"无"彻底变成了存在，那么它就失去了其原有的意义和价值；只有当它保持一种无所在而无所不在的状态时，才能成为真正的"活水源头"。因此，古希腊哲学之所以能成为西方哲学的活水源头，不仅在于其对存在的独特描述方式，更在于其所蕴含的"无"的哲学思想。这种思想为后世的哲学家提供了无尽的启示和创新的空间，使得古希腊哲学的智慧能够跨越时空的界限，持续影响着人类的思考方式。

然而，在人类的天性中，有一种根深蒂固的特质，那就是对不确定性的难以忍受。每当人们遭遇未知或模糊的情境时，内心深处总会涌起一种无法名状的焦虑、疑惑，甚至是深深的恐惧。这种情绪，仿佛是人性的一种自然反应，无法被彻底抹除。

在古老的佛教经典《中阿含经》卷六十《箭喻经第十》中，记载了一个颇具深意的故事。在佛陀的时代，有一位名叫鬘童子的佛陀弟子，他在修行的道路上，也遭遇了这种不确定性的困扰。这种困扰如同附骨之疽，让他无法安心修行。于是，他向佛陀提出了十四个深奥的问题，这些问题大致可以归结为三个方面：物质世界的本质、生命的本质，以及佛陀自身的本质。他的这些提问，涉及人、世界与圣者之间的终极关系，可谓深刻而宏大。鬘童子在静坐冥想时，这些问题如同针毡般刺激着他的心神，让他感到无法平静。他坚信，如果不能彻底弄清楚这些问题，他就无法继续修行。然而，面对弟子的困惑，佛陀并未直接给出明确的答案。相反，他用了一个生动的比喻来回应。佛陀说，这就像一个中了毒箭的人，在面对救命的医生时，不是急于求救，而是纠缠于询问医生的详细背景、射箭者的身份，以及那支毒箭的材质和形状。这样的人，在追求这些细枝末节的过程中，很可能会因为耽误了治疗而丧命。佛陀用这个比喻来告诉鬘童子，他提出的那些问题虽然深奥且令人困扰，但实际上与解脱痛苦并无直接联系。如果过分执着于这些问题，恐怕在寻找答案的过程中，生命就已经走到了尽头。

这不禁让人想起了庄子的话，以有限的生命去无休止地追求无限的知识，只会让自己陷入困境。佛陀之所以没有正面回答鬘童子的问题，除了因为这些问题与修行解脱无直接关系外，更重要的原因是，这些问题已经超出了我们所能感知到的实际生活世界的范畴。它们远离了我们所能触摸到的、色彩斑斓且充满生机的当下现实。如果我们不断地追求这些遥不可及的问题的答案，很可能会让我们失去立足的根基，变成无根的浮萍。这样的人，就像是一棵离开了土壤的树苗，失去了滋养和支撑，最终只会逐渐枯萎凋零。因此，佛陀的智慧教导我们，要学会在修行中保持平衡和专注，不被无谓的问题所困扰，才能真正地走

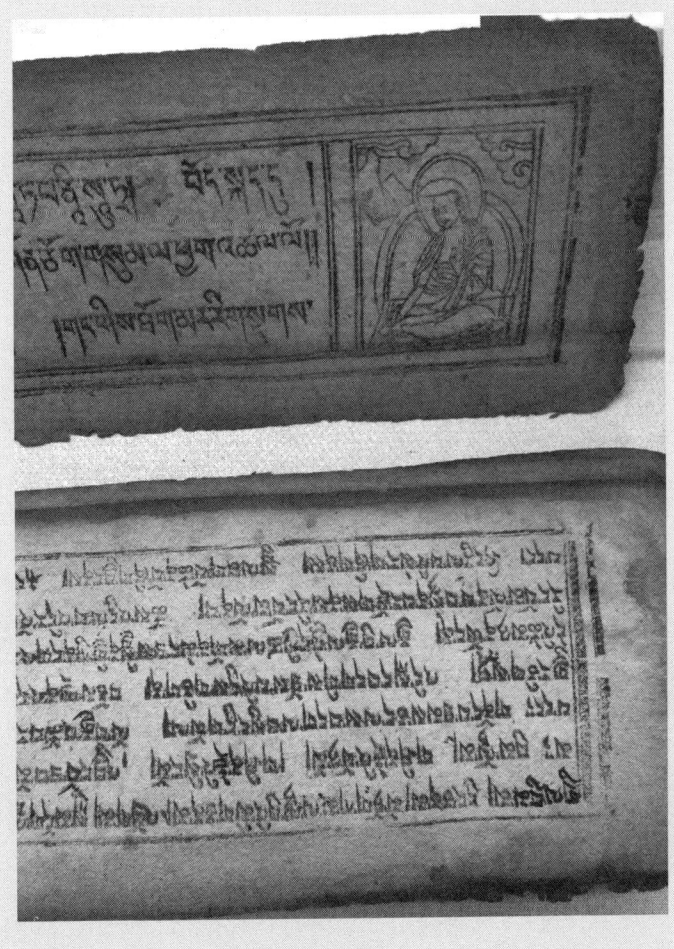

◇ 贝叶经

>>> 原始佛教经典，充满了对宇宙人生真相的揭示。

向解脱之路。

这段佛教公案深刻地揭示了人类对确定性的渴望。同样地,在西方哲学的发展历程中,这种对确定性的追求也贯穿始终。哲学家们孜孜不倦地探寻"存在"的真谛,试图找到一个确凿的"存在"定义。然而,他们未曾预料到,这样的追求反而让他们离存在本身越发遥远。每当一个关于"存在"的定义被提出,"存在"便在这个定义中悄然凋零,丧失了其原本的鲜活与即时性。就像一朵盛开的花朵,在被采摘定格的瞬间,虽保留了形态,却失去了生命的脉动。哲学家们在探寻存在的过程中,一次次将"存在"本身囚禁在冰冷的定义之中,使其失去了原有的灵动与自由。在这个过程中,"存在"以各种形式显现,却始终难以触及其核心。直至海德格尔勇敢地重新提出"存在"问题,才终于让人们的视线回归存在本身。他的这一举措,犹如一盏明灯,照亮了被迷雾笼罩的哲学之路。伽达默尔则将这一过程形象地比作真理的还乡之路,仿佛真理在漫长的漂泊后,终于找到了归途。这一历程不仅揭示了人类对确定性的不懈追求,更展现了哲学在探寻真理道路上的艰

◇ 卡斯帕·大卫·弗里德里希
《雾海上的漫游者》

\>>> 站在山峰才能一览无余，站在山底只会被眼前的物体遮挡。

辛与坎坷。然而,正是这些探索与反思,推动了哲学的不断进步与发展,使人类对于自身与世界的理解更加深入与全面。

第二章

真理的最初显现

一、"存在"作为真理
二、真理被囚禁在定义中
三、苏格拉底一系的真理观与真理观的转向

一、"存在"作为真理

当早期的希腊哲学家开始深入地反思周围的世界,他们对这个已然存在的世界产生了深深的惊异。在这种惊异中,他们隐约触摸到了一个深邃而核心的概念——"存在"。这一概念,如同一个神秘的种子,深深地扎根在他们的思想中,引领他们走向探索真理的道路。这些早期的希腊哲学家,他们的关注点聚焦于"存在"意义上的真。在他们看来,真、善、美并未有明确的界限,这三者在他们的视野中是融为一体的。他们通过真、善、美所探寻的,其实是作为"存在"的真本身。换句话说,他们追求的是一种原初的、整体的真理,这种真理是鲜活而美好的,它包含了我们对世界的所有理解和想象。

在西方哲学的发展历程中,"存在"往往是通过真理的方式被展现和把握的。我们常说的"求真",便是这种追求的体现。然而,古希腊人眼中的"真",与我们今天所理解的"真"有着显著的差异。在古希腊哲学的视野里,"真"是存在的直接显现,它涵盖了真、善、美的全部内涵,是一个完整而和谐的整体。随着时间的推移,"真"的定义逐渐发生了变化。在我们今天的话语体系中,"真"更多地被局限于自然科学领域,被视为一种可以量化的、具有普遍性的"真理"。与此同时,伦理意义上的"善"和艺术领域中的"美"却被一些人视为与真理无关。这种观点的出现,很大程度上是因为自然科学的发展使得我们可以将某些规律量化为具体的数值和公式,从而形成一种看似普遍适用的"真理"。然而,伽达默尔的哲学诠释学却对这种思想提出了质疑。他认为,我们在追求"真"的过程中,不应该忘记古希腊哲学家的智慧。因为在那里,我们才能找到真理的家园与根基。古希腊的哲学思想,虽然在我们今天看来并不够精细,但体现出了一种对当下生活的深刻洞察和对存在的敬畏之情。

当我们回望古希腊哲学家的思想时,不难发现他们所追求的真理并非仅仅是一种抽象的概念或理论。相反,他们的真理是深深扎根于生活之中的,是从鲜活的当下生活中提炼出来的。他们对"存在"的敬畏和理解，不仅体现在他们的哲学著作中，更体现在他们的生活方式和态度中。这种追求真理的精神和态度，对于我们今天来说仍然具有重要的启示意义。在快节奏的现代社会中，我们往往容易被各种纷繁复杂的信息和观念所迷惑。在这个时候，回望古希腊哲学家的思想或许能为我们提供一种不同的视角和思考方式。他们那种立足于当下生活、追求真理的精神值得我们学习和借鉴。因为只有真正理解和把握了"存在"意义上的"真"，我们才能更好地面对生活的挑战和困境，找到属于自己的真理和道路。

除了先前所探讨的赫拉克利特与巴门尼德的深邃哲学思想，我们还可以追溯至更古老的时期，探寻那些最初对宇宙之谜进行探索的哲学家的智慧。例如泰勒斯，他独树一帜地提出，"水"乃是万物的根源。在深入理解这一早期古希腊哲学观点时，我们必须全身心沉浸其中，去"体验"这一思想的深邃。因为，那个时代的哲学并非如今日这般仅仅依赖逻辑推理，而是需要人们去深刻体验，去细心聆听周围世界的每一个声音。泰勒斯的"水"论，初闻之下，或许会让现代人觉得这些古老哲学家的思想略显稚嫩。然而，倘若我们细心揣摩，便会领悟到，泰勒斯所指的并非字面意义上的"水"，而是借水为喻，形容那个本原的性质。他口中的"水"，更像是一个形容词，用以描绘本原的灵动与变化。再深入一层去体会，我们便能感受到水的滋养与流动，它赋予了万物生命，使得世间一切得以生长。泰勒斯所描述的，正是"存在"的本质属性，而非直接定义"存在"的具体形态。

而阿那克西曼德则在此基础上进行了更为深入的抽象思考。他认为，万物的本原应是一种"无定"的状态。这个"无定"不仅继承了泰勒斯"水"的流动性与生成万物的特性，更暗示着一切存在的事物皆由此诞生，也终将回归于此。这种"无定"之中蕴含了世间所有的对立与矛盾，正是这些对立的力量相互交织、碰撞，才孕育出了纷繁复杂的万事万物。阿那克西曼德的这一观点，无疑触及了"存在"与万物之间沟通的本质问题。值得注意的是，阿那克西曼德所提及的"无定"，并非对本原的直接定义。他更像是在用一种诗意的方式，叙述着本原那难以捉摸、变幻

◇ 泰勒斯

>>> 西方哲学自泰勒斯们开始,试图对万象本质进行抽象和描述。

莫测的性质。这种叙述方式，既体现了古希腊哲学家对宇宙之谜的无限敬畏与探索精神，也为我们后人提供了一种全新的视角去理解和把握存在的本质。

当我们回望这些古老的哲学思想时，不禁为那些先哲的智慧与洞察力所折服。他们用朴素的语言和生动的比喻，揭示了宇宙间最为深奥的秘密。而这些思想，也如同一盏盏明灯，照亮了我们探寻真理的道路，引导我们不断前行。在今天这个科技日新月异的时代里，我们或许已经拥有了更为先进的工具和手段去探索宇宙之谜，但那些古老的哲学思想依然具有重要的指导意义。它们提醒我们，在追求真理的道路上，既要注重逻辑推理和实证分析，也不能忽视对世界的直观体验和深刻感悟。只有这样，我们才能更加全面地理解和把握"存在"的本质，更好地认识这个世界。

二、真理被囚禁在定义中

随着时代的演进，哲学家们对于世界的探索越发深入。他们不再满足于仅仅描述本原的性质和属性，而是开始勇敢地探寻本原的真实面貌。这些后来的哲学家，继承了前辈们的叙述方式，却又开辟了新的探索路径——他们开始尝试着定义本原。

在这一探索过程中，恩培多克勒的观点独树一帜。他深信，世间万物皆由火、土、气、水这四种最基本的元素构成。这四种元素，就像世界的基石，通过它们的集聚与分散，构成了我们眼前这个繁复多变的世界。而驱动这些元素聚合与散去的力量，恩培多克勒用了一个温暖而富有诗意的比喻——"友爱"与"争吵"。想象一下，元素们因为"友爱"而紧密团结，共同构建出丰富多彩的物质世界；又因"争吵"而暂时分离，等待着下一次的聚合。这样的比喻，不仅让人感受到哲学家的温情与智慧，也使得深奥的哲学原理变得浅显易懂。

在恩培多克勒的基础上，阿那克萨戈拉进行了更为深入的抽象思考。他认为，万物并非仅仅由四种元素构成，而是由无数种不可见的"种子"组合而成。这些"种子"虽然微小却蕴含着巨大的力量。推动这些"种子"发生变化的，不再是具象的"友爱"与"争吵"，而是被阿那克萨戈拉进一步抽象为纯粹的理智——他称之为"努斯"。这一观点无疑将哲学思考推向了一个新的高度。

　　这一探索的旅程并未止步于此。德谟克利特的出现，为这一追寻物质本原的历程画上了圆满的句号。他提出，万物的本原并非元素或种子，而是不可分割的"原子"。这一观点不仅将物质本原的探索推向了极致，也为后世的科学研究奠定了坚实的基础。至此，"存在"显现为物质本原或者说拥有物质特性的本原得到了完全展开。哲学家们在这一探索方向上呈现出了几乎所有的可能性。他们的思考与探索不仅丰富了我们对世界的认知，也为我们打开了一扇通往更深层次理解宇宙的大门。这些早期希腊哲学家的智慧与勇气将永远照耀在人类思想史上空，激励着后人不断前行。

　　作为深邃而难以捉摸的真理，"存在"在历经了物质本原的探寻之后，并未停下其显现的脚步。在海德格尔的哲学视野中，这条探寻之路似乎更像是一条被流放者的寻乡之途，充满了迷茫与追寻。在这一过程中，"存在"开始以更为抽象的"本体"身份向世人展示其深邃的内涵。从

"存在"的角度出发，西方哲学史宛如一部"存在"逐渐显现的壮丽史诗。而若我们从人类的角度去审视，这部历史则变成了人类对"存在"主动探索和把握的历程。这两种不同的视角，带来了"存在"显现方式的进一步差异，形成了由上而下与由下而上的两条截然不同的探寻路径。这两条路径的交会之处，便是那被称为"辩证法"的哲学瑰宝。其精髓在苏格拉底、柏拉图与亚里士多德这一哲学传承中得到了淋漓尽致的体现。同时，这三位哲学家也实现了"存在"显现方式的第一次重大转折。他们，尤其是苏格拉底和柏拉图的思想，对于后世的哲学发展产生了深远的影响。

苏格拉底，被誉为古希腊哲学的先驱，他通过对话与质疑的方式，引导人们去探寻真理、认识自我。他的思想中蕴含着对"存在"的深刻理解，为人类对"存在"的把握提供了新的视角。而柏拉图，则在苏格拉底的基础上进一步发展成了"理念论"，他认为真实的世界并非我们所见的物质世界，而是一个由"理念"构成的理想世界。这一思想为后来的哲学家提供了对"存在"本质的新认识。

这两位哲学家的思想在伽达默尔的哲学诠释学中找到了共鸣。伽达默尔在继承海德格尔思想的基础上，又与之有所不同。他选择回到苏格拉底与柏拉图的思想中汲取营养，寻找对"存在"的更深刻理解。他认为，通过对这两位哲学家思想的解读与诠释，我们可以更深入地把握"存在"的真谛。与伽达默尔不同，海德格尔则更倾向于回到前苏格拉底时期的希腊哲学中寻找源头活水。他认为那个时期的"存在"观念是真正的无遮蔽且充满活力的。在海德格尔看来，从苏格拉底以后的哲学家走上了对"存在"进行不自觉遮蔽的遗忘之路。因为他们开始主动去寻找"存在"，而恰恰是在这种寻找中，他们错过了真正的"存在"。海德格尔的这一观点无疑为我们提供了一种新的思考角度。它提醒我们，在探寻真理的过程中，或许我们应该更加关注那些被忽视或遗忘的角落，去寻找那些真正无遮蔽的"存在"。同时，我们也应该意识到，探寻真理并非一件易事，它需要我们不断地思考、质疑与反思，才能在迷失中找到属于自己的答案。总的来说，"存在"的显现之路充满了曲折与探索。从物质本原的探寻到更为抽象的"本体"身份的揭示,再到苏格拉底、柏拉图与亚里士多德对辩证法精髓的体现以及伽达默尔与海德格尔的不同探寻路径的选择都展示了人类对"存在"理解的逐步深入与拓展的过程。

在哲学领域,伽达默尔与海德格尔的观点碰撞,总能激起思想的火花。关于"存在"的表现,这两位哲学家似乎持有不同的见解。海德格尔坚称,对"存在"的每一次描绘,其实都是一种遮蔽。换言之,他认为我们的语言和理解总会不可避免地掩盖"存在"的真实面貌。然而,伽达默尔却站在了一个截然不同的理论视角。他并没有直接反驳海德格尔,而是巧妙地提出了一种相对的观点:每一种遮蔽,其实也意味着一种开启。在伽达默尔看来,遮蔽并非全然是消极的,它更像是一种"在场的遮蔽"。这种遮蔽不是简单的掩盖,而是一种更深层次的显现方式。它让我们从遮蔽中窥见"存在"的另一种可能性,从而进一步探索和理解"存在"的本质。这里,伽达默尔似乎捕捉到了海德格尔思想中隐而未显的意味。他似乎在告诉我们,每一位哲学家都是在努力揭示"存在"的真谛,他们渴望将"存在"从深邃的哲学海洋中带出来，展现在世人面前。然而，从哲学史的长河来看，海德格尔认为这种揭示往往变成了一种遮蔽。因为我们的理解总是受限于自身的语境和认知，无法完全还原"存在"的原始面貌。

但伽达默尔则从另一个角度来审视这个问题。他认为，这种遮蔽恰恰反过来又是对"存在"的进一步打开。每一次的遮蔽都为我们提供了新的视角和思路，让我们能够更深入地探索"存在"的奥秘。只有通过不断遮蔽与开启，我们才能发现不同的道路，走向更深层次的真理。因此，在伽达默尔的哲学诠释学中，他强调不仅要回到苏格拉底以前的"存在"状态去探寻真理的源头，同时也要深入研究苏格拉底与柏拉图的思想。这两大哲学巨匠的思想为伽达默尔提供了丰富的灵感和启示，成为他哲学诠释学思想的两个"源头活水"。通过不断回溯和挖掘这些思想宝藏，伽达默尔为我们揭示了"存在"的多样性和复杂性，也为后世的哲学家们提供了宝贵的思想资源。

在早期希腊哲学的探索中，对于"存在"的追寻显得扑朔迷离。诸多学派众说纷纭，各抒己见，这种百家争鸣的思想氛围，无疑在一定程度上保持了"存在"这一哲学命题的开放性与鲜活性。然而，这种多元化的倾向也带来了一个显著的弊端：我们身处的世界似乎因此缺失了一个稳固的根基，一个可以为我们提供明确指引的根据。要知道，人类在内心深处，对于稳定和确定性的渴求是根深蒂固的。缺乏这样一个确定的根据，不仅使得我们周围的世界变得飘摇不定，更让我们的生活丧失了一个必要的衡量尺度。这种境况，恰恰为"智者"的崛起提供了温床。

如果我们暂时抛开智者们所承担的社会角色，深入剖析其本质，便不难发现，他们的核心目标其实就是"说服"他人。而"说服"的精髓，就在于让被说服者无言以对，运用一种强大的语言逻辑来压制对方。智者们之所以精通此道，一方面归因于我们的生活中确实缺少一个恒定的衡量标准，另一方面则是因为我们周围的一切都在持续变化，显现出一种"无常"的特质。在这样一个瞬息万变的世界里，智者们顺应了时代的潮流。他们用极端的主观主义与相对主义的论调，构建出一套强大的话语逻辑，以此征服他人，最终在政治和法律领域通过精湛的辩论技巧来击败对手。以当时著名的智者普罗泰戈拉为例,他的思想便充分展现了智者学派的全貌。普罗泰戈拉坚信,只有人类才是衡量万物的尺度。他主张,人的灵魂若离开了感官体验,便失去了存在的意义。更进一步地,他提出我们周围瞬息万变的万物都是真实存在的,并不存在一个绝对的标准可以衡量一切。这种思想既体现了智者们对于现实世界的深刻理解,也揭示了他们对于真理相对性的独特见解。在这种思想背景下,任何一种理论都存在着与其对立的观点,这种相互对立性似乎是无法调和的。因此,智者们所能做的,就是利用他们犀利的逻辑和雄辩的口才来"说服"对手。值得一提的是,后期康德用以瓦解形而上学的理论手段之一的"二律背反",其思想源头或许就可以追溯到这里。更为激进的智者,如高尔吉亚,甚至直接论证了"存在"本身就是虚幻的,它并不存在。智者的思想,虽然在当时被视为对正统哲学的反叛,且确实对社会公正造成了一定的冲击,但我们不能否认他们在西方哲学史上留下的深刻烙印。他们的思想就像顽固的基因一样,深深地植入了西方哲学的血脉之中。

◇ 普罗泰戈拉

>>> 智者学派的所谓"诡辩",反而促进了"辩证法"的发展。

从积极的角度来看，这种反叛实际上是一种革新，是一种对传统的回顾与转向，它为哲学思考打开了崭新的视野。从对后世哲学思想的影响来看，智者们瓦解形而上学的手段以及他们强调人的历史性的哲学观点，在后期的康德、海德格尔甚至伽达默尔的思想中都有所体现。这些哲学家们虽然从不同的视角或用不同的方式表达了类似的观点，但无疑都受到了智者思想的启发。

再来看当时的社会思潮，由于缺乏一个统一的衡量标准，社会公正受到了严重的挑战。这种混乱的状态必然会引起人们的深刻反思："公正"究竟是何物？它如何产生？又如何显现？是否存在一个可靠的标准来衡量它？这些问题不仅激发了人们对于公正的渴望和追求，更引发了西方哲学的第一次重大转向——即苏格拉底与柏拉图的思想崛起。他们的思考为后来的哲学发展奠定了坚实的基础，也为人类对于"公正"和"存在"的探索提供了新的视角和方向。

三、苏格拉底一系的真理观与真理观的转向

苏格拉底，这位古希腊的先哲，以智者的身份游走于雅典的大街小巷，却又超越了一般的智者，成为一位真正的哲学家。他巧妙地融入智者的群体，从中洞察其内在的困窘与危险，并巧妙地将其暴露无遗。这种独特的策略，不仅使他汲取了智者思想的精髓，更在哲学的道路上实现了深刻的转向。苏格拉底的思想，主要记载于柏拉图的对话集中。我们可以合理地推测，苏格拉底与早期柏拉图的思想轨迹是紧密相连的。这两位哲学巨匠的思考，对于后世的哲学诠释学产生了深远的影响。伽达默尔所倡导的回归古希腊的思路，实质上就是追溯至苏格拉底与柏拉图的思想源头。

在探索哲学的道路上，苏格拉底并未沿袭前人对于"存在"的追问。他独辟蹊径，提出我们周遭的一切，乃至我们的生活，都蕴含着一个内在的目的——那便是"善"。这一理念揭示了物质世界与人类的共同本质。然而，自然物质世界的内在目的深不可测，因此，苏格拉底智慧地转

变了探索的方向，将焦点转向了人类自身。他坚信，只要洞察了人类内心的内在目的，便能解开世间万物的奥秘。这便是苏格拉底哲学的大致方向，深邃而富有洞见。

苏格拉底将人内心的这个内在目的定义为"德性"。在他看来，"德性"是最可靠的知识，是引导我们走向真理的灯塔。在希腊语中，"德性"一词寓意着事物的特性，更深入地讲，它体现了使某物成为某物的本质属性。这种根植于人心的"德性"，恰恰是世间万物内在目的在人类身上的完美体现。因此，一旦我们洞察到这个潜在存在的"德性"，便能自然而然地理解万物的本性。随着对"德性"的深入理解，我们能够解决智者所带来的社会问题。届时，"公正"这一概念将不再飘忽不定，而是建立在坚实的根基之上。进而，一切知识也将拥有可信赖的依托。在此，我们不难发现，苏格拉底所追寻的"德性"，实质上也暗示着对"存在"的深刻探索。

确定了探索的目标之后，接下来的问题便是如何去寻找、去把握这个"存在"。苏格拉底的母亲曾是一位助产婆，这独特的家庭背景为他的哲学探索提供了灵感。他将

◇ 雅克－路易·大卫《苏格拉底之死》

>>> 苏格拉底将探索万象的本质转向对人本身的探索。

寻找"德性"的方法比作"助产术",旨在帮助那些痛苦寻觅真理的人。苏格拉底深知,有些人在探寻真理的道路上痛苦挣扎,他们日夜难安,这种痛苦正是源于对真理的渴望与追寻。而他的使命,便是为这些人接生真理,引领他们走向光明。苏格拉底的"助产术"具有独特之处。他并不直接给出答案,而是引导对方从自身发掘出真理的光芒。这种方法强调从个体的角度出发,让每个人都能在自己的内心深处找到真理的种子。通过苏格拉底的引导与启发,这些种子逐渐生根发芽,最终绽放出璀璨的真理之花。

在探寻真理的道路上,智者们曾运用一种精妙的方法——辩证法,即通过对话来探寻事物的本质。然而,苏格拉底却赋予了这种方法新的生命和更深的意义。他采用的方式与智者有所不同:智者致力于"说服"对方,而苏格拉底则更注重引导对方自我发现,这种差异体现了两者在哲学探寻上的根本分歧。"说服"往往意味着一方以强势的姿态压倒另一方,使得对方即便感觉不妥,也难以找到反驳的言辞。而苏格拉底的引导方式,则更像是一场和谐的舞蹈,双方在平等的交流中达成共识。这个共识并非简单的妥协，而是对所谈论问题的深入理解和探索，它揭示了"事情本身"的真相。这一过程不禁让人联想到后来伽达默尔的"视域融合"，双方的视域在交流中相互融合，既继承了前人的智慧，又在此基础上进行创新，从而避免了陷入极端的相对主义或主观主义。

在苏格拉底的对话中，一个显著的特点是，参与者都带着自己对所谈事情的预先认知进入对话。换言之，谈话往往从个人的"偏见"开始。然而，在苏格拉底的巧妙引导下，这些"偏见"逐渐被剥离，露出事情的真实面目。这一过程如同一次精神洗礼，让参与者感受到自我认知的局限和不足。苏格拉底在谈话中的首要任务是寻找对方的思维漏洞，并巧妙地引导对方走向更完善的答案。在这个过程中，参与者会突然意识到自己的无知。这种"无知"并非贬义，反而是一种宝贵的哲学洞见。正如神谕所言，苏格拉底之所以被视为最聪明的人，正是因为他深知自己的无知。这种"无知"的态度，为真理之光的透射提供了可能。它意味着人已经充分地"打开"了自己，愿意接纳和理解不同的观点，从而让真理得以充分显现。

"损之又损,以至于无为"是《道德经》中的一句名言,用来形容苏格拉底的这一过程也颇为贴切。虽然表面上看似在不断地"损减"个人的偏见和固执,但实际上却是在不断增加对真理的理解。这种"无知"的状态,实际上是一种高度的开放性和接纳性,它使得"存在"能够透过人的心灵折射出来。苏格拉底的这种方法不仅体现了他对真理的深刻洞察,也为我们提供了一种全新的哲学视角。他通过引导对方自我发现的方式,让我们看到了真理探寻的可能性。同时,他也提醒我们,要时刻保持一种"无知"的态度,勇于面对自己的局限和不足,这样才能在探寻真理的道路上走得更远。在苏格拉底的哲学思想中,"存在"不再是一个遥不可及的概念,而是通过人的心灵折射出来的具体实在。这种思想对于我们理解世界和自己都具有重要意义。它不仅拓宽了我们的视野,也让我们更加珍视每一次与他人的交流和对话,因为在这些看似平常的互动中,可能隐藏着通往真理的钥匙。

然而,对于"德性"这一概念的本质,苏格拉底似乎并未深入挖掘。在《拉克斯篇》这部古老的哲学文献中,

◇ 张路《老子骑牛图》

>>> 道家文化是中华优秀传统文化的源流之一。

苏格拉底与当时威名赫赫的将军拉克斯展开了一场关于勇敢的深入讨论。他提出："朋友，我们不要直接研究整个德性，那是我们所难以全面理解的。让我们先聚焦于某些部分，探讨我们是否对其拥有足够的知识。这样的研究方法，或许能使我们的探索之旅变得更加轻松。"此番话语，透露出苏格拉底的哲学体系或许并不那么严密，却极具启发性。正是这种开放式的思考方式，使得他的思想成为后世哲学家们源源不断的灵感之泉。苏格拉底的每一次哲学讨论，都仿佛是在茂密的森林中开辟出一条小径。他并不急于走到尽头，而是享受探索的过程，留给后人无限的遐想空间。在与拉克斯的对话中，他探讨了勇气的真谛——这不仅是德性的一部分，更是德性在勇气这一概念上的具体体现。这种深邃而富有洞见的思考方式，充分展现了苏格拉底对于语言背后真实存在的探索与追求。正如加拿大哲学家让·格朗丹所言，苏格拉底的方式揭示了语言之外存在着一种真实的在者。这种真实，不是逻辑或文字游戏，而是深藏于我们生活世界背后的本质。它让人联想到《法律篇》第七卷中的启示：人"大部分是木偶，尽管非常微小，却能参与真理"。这与海德格尔后期关于人是"存在"的守护者的观点不谋而合。

在苏格拉底的思考基础上,柏拉图进一步将这些在德性观照下的一般概念提升到了一个全新的层次——"理念世界"。这一转变标志着对"存在"的探索开始超脱日常生活的范畴,进入了一个更加抽象、纯粹的哲学领域。柏拉图通过著名的"洞喻"来阐述这一理念世界的把握方式。在这个寓言中,一群人生长在洞穴中,他们自然而然地认为洞壁上反射出的影像即为真实。然而,当其中一人转身看到火光,进而走出洞穴见到阳光与真实世界时,他的认知得到了颠覆性的更新。柏拉图的"理念世界"由至高无上的"善"理念所观照。他将这个"善"比作太阳,而太阳最显著的特点便是其光芒。这种"光"具有双重性:它既显现了自身,又照亮了万物,透露出一种深邃的通透性。因此,"善"本身便具备了"光"的特质。同时,"理念"一词源于动词"idein",意为"看",这暗示着"善"并非通过方法论得到,而是通过直观的洞察所获得。这一观点彰显了柏拉图真理观的独特性——他所追求的并非认识的真理，而是存在的真理。

在这里，柏拉图的"善"实际上就是"存在"的显现。他将"存在"比作"光"，意味着对其的最终把握并非通过获得或占有，而是通过观照与体悟。这种观念再次呼应了参与真理的深刻意涵。通过苏格拉底与柏拉图的哲学思考，我们可以窥见古希腊哲学家们对于真理与存在的不懈追求，以及他们如何通过语言的探索来揭示背后的真实在者。这种思考方式不仅启发了后世的哲学家们，也为我们今天探索真理与存在提供了宝贵的思想资源。进一步，我们可以从这种思考方式中汲取智慧，学会在日常生活中保持对真理的追求与探索。正如苏格拉底通过与拉克斯的讨论来探索勇气的真谛一样，我们也应该勇于面对生活中的种种问题，通过思考与讨论来揭示背后的本质。同时，柏拉图的"理念世界"也提醒我们，要超越表面的现象，追求更深层次的真实与智慧，从而更好地理解世界与自我。

柏拉图对"善"的探寻，其根基深深植根于苏格拉底的辩证法之中。这位古希腊的先哲，以其深邃的思考和精妙的逻辑，为后世的哲学家们铺设了一条探寻真理的道路。

在柏拉图的哲学体系中，"善"的概念显得尤为重要，而他对"善"的把握，正是从苏格拉底的辩证法方法出发的。当我们试图定义某些抽象而深奥的概念时，比如正义和美，柏拉图的思考方式为我们提供了宝贵的启示。他敏锐地指出，许多人在追求正义和美的过程中，往往满足于那些表面上显得正义和美，但实际上并不实在的事物。他们沉浸在这种表象的满足中，并以此作为自己发表意见的基石。然而，柏拉图深知，真正的正义和美，并非浮于表面的幻象，而是需要深入探寻的真理。在柏拉图的哲学世界里，"善"的探索始于我们周围的现象界。他选择的讨论起点，往往是人们对所谈论问题所持的"偏见"。这些偏见，或许是人们日常生活中的经验之谈，或许是社会传统习俗的熏陶，又或许是个人主观臆断的产物。但无论其来源如何，它们都为柏拉图的哲学思考提供了宝贵的素材。

随着讨论的不断深入，柏拉图运用苏格拉底的辩证法，逐步剥离这些偏见的表象，探寻其背后的本质。而在这个过程中，"善"的光芒会在某一个时机突然照射进来，照亮人们的内心，让人们瞬间领悟到真理的存在。这种领悟，并非简单的知识积累，而是一种灵魂深处的触动和觉醒。它让人们明白，"善"并非一个抽象的概念，而是与我们生活息息相关的实在。柏拉图将苏格拉底的思想进一步发展，对后期伽达默尔的哲学诠释学产生了深远的影响。尽管柏拉图似乎并没有给出"善"的确切定义，但他在讨论"善"时，却为我们揭示了其更为深层次的内涵。他强调，"善"的重要性并不仅仅在于其本身的实在本性，更在于其"动"与"照明"的属性。换言之，"善"不仅仅是一种静态的存在，更是一种动态的力量，它能够给认识的对象以真理，给认识者以知识的能力。这种对"善"的理解，与老子的"道可道，非常道"有着异曲同工之妙。它们都在告诉我们，真正的智慧和真理是难以用言语来完全表达的。当我们试图去定义和解释它们时，总会发现语言在表达上的局限性。然而，当我们通过直观和体悟的方式去接触和理解它们时，却能够感受到它们所蕴含的强大力量和深邃智慧。

在柏拉图的哲学中，"善"、"光"与"观"是紧密相连的。人通过"存在"之光来"观"察万物，而"存在"

◇ 爱德华·蒙克《太阳》

>>> "善"如同阳光,万物之中都需要有它的存在。

之光也通过人来得以呈现。这种相互映照的关系不仅揭示了人与万物的紧密联系，也为伽达默尔的哲学诠释学提供了新的思路。在诠释学中，如何确保诠释既是"对"的又是"真"的成了一个重要的问题。而柏拉图的思考方式或许能够为我们提供有益的启示：通过克服一元性和相对主义的多元性来寻求真理的诠释之路。柏拉图的哲学思考不仅为我们提供了一种探寻真理的方法论指导，更为我们揭示了一种深刻的人生智慧。在他的哲学世界中，"善"不仅是一种理想状态或抽象概念，更是一种与我们生活息息相关的实在力量。通过深入理解和体悟"善"的内涵和属性，我们能够更好地认识自己和世界，从而过上更加充实和有意义的生活。

对于苏格拉底与柏拉图的哲学思想转向，伽达默尔曾提出深刻而独到的见解，他将其精妙地概括为"语言的转向"。这一观点不仅揭示了语言背后所隐藏的深层次意义，更指出了"存在"其实是潜藏在语言之中的深邃奥秘。在我们日常生活中习以为常地运用语言的时候，往往忽略了一个默认的设定，那便是"世界存在"。这个看似简单却不可或缺的前提，如同语言的灵魂一般，隐匿于每个字词、每个句子之间，为世间万物的不变普遍性奠定了坚实的基础。进一步，伽达默尔认为语言不仅仅是沟通的工具，更是万物的摹本，是纷繁复杂现实世界的精准映射与反映。就像一面镜子，语言捕捉并呈现了世界的多样性和丰富性。换言之，世间万物正是通过其摹本——语言，才得以在人类的认知中展现其真实存在。在这一过程中，语言扮演了举足轻重的角色，它是连接人类与世界的桥梁，是人类理解世界的关键。

艺术，作为语言的一种特殊形式，更是如此。它以自身独特的方式诠释着世界的本质，通过色彩、线条、音符等艺术元素，将世界的多样性和复杂性以更加直观、感性的方式呈现出来。在伽达默尔的哲学诠释学中，这一观点占据着重要的地位，它不仅凸显了摹本——无论是语言还是艺术——的本体性，同时也赋予了诠释者以理解和解读的合法性。然而，在这个问题上，柏拉图与伽达默尔的思想展现出了微妙的差异。柏拉图坚信，在某一刻，会有一种最终的真理之光突然照耀进来，这种对真理的体验超越了日常语言的表述能力。他对"善"的追寻和把握起源于辩证法，但在真理之光降临的瞬间，这种追寻似乎达到了某种超越语言的境界。在柏拉图看来，这真理之光带有一种神秘而崇高的色彩，它仿佛是来自另一个世界的启示，让人在瞬间领悟到真理的本质。

伽达默尔则对这一观点提出了自己的看法。他认为，柏拉图所描述的在某一时刻突然照射进来的真理之光，实际上离不开对话中的辩证法。这种神秘的光芒并非遥不可及，而是人们在对话中通过"相互理解"所达成的共识的产物。这种共识不仅主导了辩证法的进程，更使得真理在双方的交流中逐渐显现和清晰起来。为了进一步阐述这一观点，伽达默尔提出了他著名的"视域融合"思想。在他看来，当双方的视域最终融合时，那真理之光便会自然显现。这一过程不仅揭示了两种不同文化的融合规律，更体现了人类思想交流的深度和广度。通过问答的辩证法，人们能够逐渐走向这种"视域融合"的"存在"状态。值得注意的是，这种"视域融合"并非随心所欲的产物，而是受到双方"前理解"的深刻影响。在思想融合的过程中，

◇ 莫奈《日出》

>>> 真理之光,就像太阳的光芒,驱散了追求真理的人们内心的迷雾。

双方同时也会坚守自己思想的底线和原则，这条底线便是各自文化的核心和精髓所在。

　　从这个角度来看，两种文化的融合是有限度的、有原则的，而非肆意妄为的混合。这种融合方式既有效地克服了一元化的单调和刻板，也避免了多元化的混乱和无序。这正是苏格拉底与柏拉图的思想为伽达默尔的哲学诠释学所带来的深刻启示之一。他们的思考不仅极大地丰富了我们对语言、真理和文化的多层次理解，也为后世哲学家提供了宝贵的思想资源和灵感来源。在伽达默尔的诠释学中，我们可以看到苏格拉底与柏拉图的哲学精神得到了深刻的传承与发扬。这种精神不仅为人类思想的发展注入了新的活力和动力，更为我们提供了一种全新的视角和方法来审视和理解世界。通过他们的思想，我们能够更加深入地探索语言的奥秘、真理的本质以及文化的多样性，从而为人类文明的进步和发展贡献更多的智慧和力量。

第三章

真理与生活的剥离

一、真理作为可被静观的"实体"
二、真理由普遍性的"我"来衡量

一、真理作为可被静观的"实体"

时至亚里士多德这位古希腊的先哲,他将柏拉图的理念说进行了更为深入的发展与规定,从而引领哲学走向了"存在—实体论"的探讨。在亚里士多德的杰作《范畴篇》中,他详尽地阐述了万事万物都离不开的十种规定,这些规定同样也被视为"存在"的十种基本属性,即实体、数量、性质、关系、何地、何时、所处、所有、动作、承受。这一理论的提出,不仅为后来的西方哲学思想奠定了坚实的基础,更体现了亚里士多德对于世界本质的深刻洞察。亚里士多德之所以分出这些范畴,是为了更加清晰地界定哲学的研究任务。他认为,除了实体这一核心范畴外,其他九个范畴如数量、关系等,更多地涉及我们周围事物的种种变化,这些变化应当归属于其他学科的研究领域。例如,数量和关系显然是数学的重要研究对象。然而,"实体"这一范畴却显得尤为特殊,因为其余九个范畴都是以它为基础而得以显现。换句话说,"实体"是其他范畴的支撑与核心,它赋予了其他范畴以实际意义。

在亚里士多德的理论体系中,"存在"是以"实体"的方式呈现出来的。因此,他坚信哲学的首要任务便是对"实体"进行深入研究。这种对"实体"的探索与定义,在亚里士多德的《范畴篇》与《形而上学》中得到了充分的体现。在《范畴篇》中,他提出了一个独到的观点:越是个别、具体的事物,越能体现出"实体"的本质。反之,那些过于抽象、笼统的概念则离"实体"的本质相去甚远。例如,一个活生生、具体的人,便是"实体"的一种生动体现。随着思考的深入,亚里士多德在《形而上学》中进一步剖析了他之前对"实体"的定义。他深入了"实体"的内部,将其分析为"形式"与"质料"两大部分。这里的"形式",颇有些类似于柏拉图的"理念",它代表了事物的本质特征和结构;而"质料"则是指构成事物的物质材料。二者相互结合,共同构成了亚里士多德前期所定义的实体概念。以茶杯为例,茶杯的材料便可视为"质料",而使这些材料呈现出茶杯特有形状和用途的,便是所谓的

◇ 伦勃朗《亚里士多德对着荷马半身像沉思》

>>> 亚里士多德开始将"存在"定义为"实体",以此来作为万象的"基座"。

"形式"。

然而，在亚里士多德后期的思想中，他逐渐摒弃了对"质料"的过分依赖，转而更加强调"形式"的重要性。他认为，"形式"这个使得万物"是其所是"的要素，更接近于"实体"的本质。这一转变不仅体现了亚里士多德哲学思想的成熟与发展，也为后世的哲学家提供了宝贵的启示。至此，亚里士多德明确地将研究"实体"与把握"存在"紧密地联系在一起。他坚信，通过研究"实体"，我们便能够洞察"存在"的奥秘。这一观点的确立，无疑为后来的哲学研究指向了一条明确的道路。然而，在海德格尔等后世哲学家的眼中，将"存在"仅仅把握为"实体"来研究，也标志着存在被某种程度地遮蔽了。因为这样的做法使得"存在"落入了规定性之中，从而失去了其原有的活力和丰富性。海德格尔等人认为，亚里士多德将"存在"抽象为"实体"，这种做法在某种程度上使我们对"存在"的理解变得单一和刻板。当我们仅从感觉上来体验时，"实体"这个概念似乎已经带有了某种冷冰冰的意味。

尽管如此，亚里士多德的思想仍然对西方哲学产生了

◇ 朱尔斯·勒菲弗尔《真理女神》

>>> "存在"的鲜活,便在于它不被"定义"。

深远的影响。他的实体论不仅奠定了西方哲学对于存在问题的基本思考框架，还在某种程度上引领了西方科学研究的走向。在亚里士多德的影响下，求真逐渐从最初的寻求存在意义上的真，过渡到了寻求"实体"上的真。这里的"真"，已经逐渐演变成了不包括美与善等其他向度的狭义的真。这种转变，无疑在某种程度上塑造了西方文化的独特面貌。

西方哲学的第二次关于真理观的转向，标志着人类自我意识的觉醒和对自然世界的深刻洞察。这一转变不仅反映了科学革命的兴起，也是人类对自身地位和作用的重新评估。在17世纪的近代哲学中，人类开始以一种全新的视角来审视自己与宇宙的关系，这种视角在很大程度上是由自然科学的迅猛发展和地理大发现的推动所塑造的。

首先，自然科学的进步为人类提供了前所未有的对自然界的控制能力。从伽利略的天文观测到牛顿的力学定律，科学的发展不仅改变了人们对宇宙运作方式的理解，也极大地增强了人类改造自然、利用自然资源的能力。这种能力的增强，使得人类不再像中世纪那样，将自然现象归因于神秘的力量，而是开始寻求自然现象背后的规律和原因。随着航海技术的发展和新大陆的发现，人类的世界观发生了根本性的变化。地球不再是宇宙的中心，人类也不再是自然界的中心。这种"祛魅"的过程，使得人类开始以更加客观和理性的态度来看待自己和周围的世界。人们开始意识到，自然界的规律是可以通过观察和实验来发现的，而不必依赖于超自然的解释。在这样的背景下，哲学的焦点从神学和宗教的意味转向人的认知能力和理性。哲学家们开始探讨知识的来源、真理的标准以及人类如何能够认识和理解外部世界。这种转向，被称为"认识论的转向"，它强调了人类主体性的重要性，即"我"如何去认识自然，以及周围的一切如何向我显现。

从心理学的角度来看，人类整体的成长过程与个体的成长过程有着惊人的相似性。在儿童时期，个体对世界的认识是直观和感受性的，他们对周围环境的好奇心和探索欲是他们学习的主要驱动力。随着年龄的增长，个体的自我意识逐渐增强，他们开始体验到与世界的对立和冲突，开始反思自己与世界的关系。这种自我意识的增强，促使

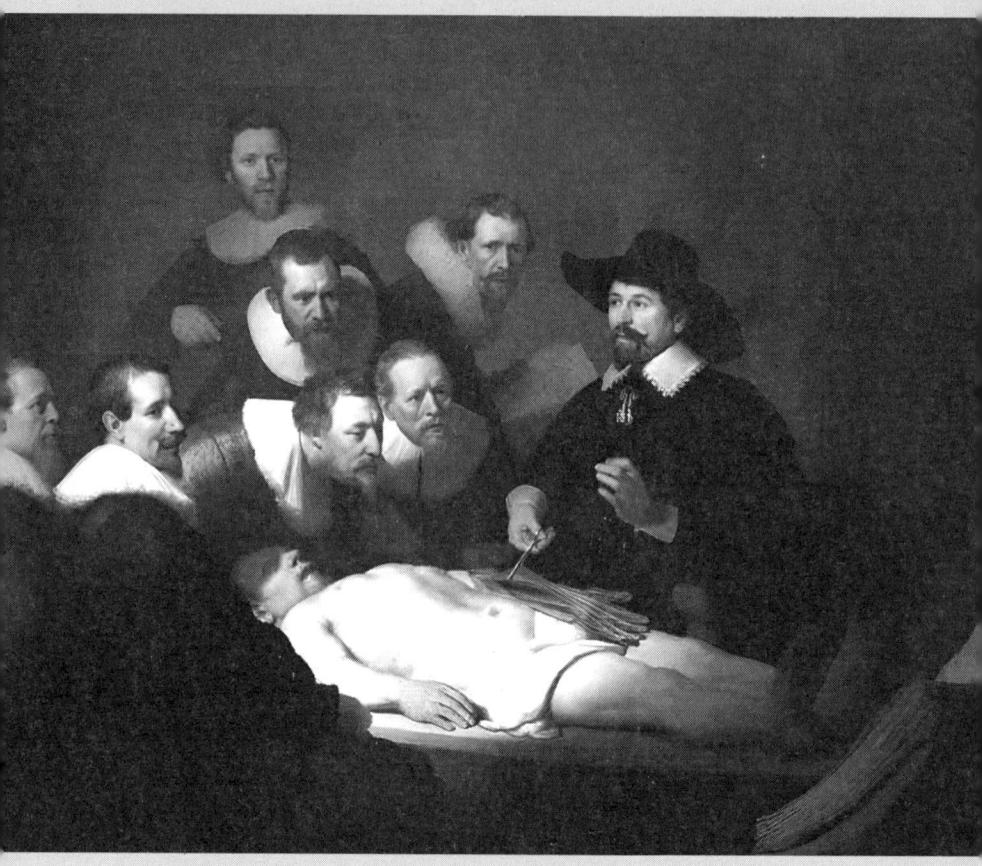

◇ 伦勃朗《杜普教授的解剖学课》

>>> 科学世界观的兴起,从定义"存在"转向如何认识"存在"。

人们更加深入地思考"我与世界的关系",以及如何在世界中找到自己的位置。在哲学上,这种对"我"与"世界"关系的探讨,转化为了对主体与客体、主观与客观之间关系的哲学分析。哲学家们试图通过理性和逻辑来构建一个关于知识、真理和存在的体系。这种分析不仅关注个体如何认识世界,也关注个体如何在世界中行动和存在。

其次,这一时期的哲学家们也开始关注语言在表达思想和认识世界中的作用。他们认为,语言不仅是沟通的工具,也是思维的载体。因此,对语言的分析和理解成为哲学研究的一个重要领域。这种对语言的关注,为后来的哲学发展奠定了基础,尤其是在20世纪的分析哲学和语言哲学中,语言问题成为核心议题。

总的来说,西方哲学的第二次真理观转向是一个深刻的文化和知识变革,它不仅改变了人们对自然界的认识,也重塑了人们对自我、知识和真理的理解。这一转向体现了人类理性的力量,也揭示了人类在认识世界和自我认识过程中的复杂性和挑战性。随着时间的推移,这一转向的影响仍然在哲学、科学和文化领域中持续发酵,激发着人

◇ 弗洛伊德《自画像》

>>> 人的精神世界成为哲学家关注的重点。

们对知识的不懈追求和对真理的深刻反思。

二、真理由普遍性的"我"来衡量

培根，这位独树一帜的思想家，以其深邃的洞察力和前瞻性思维，成为顺应历史潮流的先驱。在他的众多思想中，对"偏见"的独特见解尤为引人瞩目，这一观点对后世的哲学诠释学产生了深远影响。在培根看来，我们人类在认识外部世界的过程中，常常会受到四种偏见的干扰，他将这些偏见称为四种"假象"。这些假象，就像迷雾一般，遮蔽了我们对真实外部世界的探索视线。这四种假象，不仅仅是简单的误解或误判，更是人类认知过程中难以避免的陷阱。

首先是"族类的假象"。这种假象源于人类在认识外部世界时，往往会不自觉地掺杂过多的主观成分。人们往往以自己的主观感觉为尺度去衡量和判断外部事物，而忽视了客观事物的本质。培根认为，我们应该以客观事物为认识的标准，而非依赖个人的主观感受。他倡导我们要尽

◇ 培根肖像

>>> 科学的世界观在于克服人的"偏见"而纯粹地进入万象。

可能地摒弃个人的主观偏见，以更为客观、理性的态度去认识和理解世界。

其次是"洞穴的假象"。这种假象揭示了每个人的成长环境、经历和教育背景对个体认识世界的深远影响。这些个体化的因素就像是一个个独特的"洞穴"，限制了我们对世界的全面认识。培根敏锐地指出，这种"洞穴"的存在使每个人对世界的理解都带有一定的局限性和片面性。

再次是"市场的假象"。这种假象源自人们对各种名称和概念理解的偏差。在市场交流中，由于语言和文化的差异，人们对同一事物的理解和表述往往会产生偏差，这种偏差进而导致了认知上的混乱和误解。培根通过这一假象，提醒我们在交流和认识过程中要保持警惕，避免因为语言和理解上的偏差而产生错误的认知。

最后培根提出了"剧场的假象"。他将各种思想体系比作不同的"剧场"，每个"剧场"都有其独特的表演方式和剧本。当人们用某一种思想体系来审视世界时，就像是在一个特定的"剧场"中观看表演，这必然会导致对真实世界的部分遮蔽。培根警示我们，不要被任何一种思想体系禁锢，而应该保持开放和多元的视角去认识和理解世界。

这四种假象理论不仅揭示了人类认识过程中的偏见和局限，更为近代科学研究的成熟发展奠定了方法论的基础。培根通过这一理论，强调了科学方法在追求真理过程中的重要性。他认为，只有通过科学的方法，我们才能尽可能地排除偏见，更准确地认识和理解世界。培根的这一思想对后世产生了两方面的深远影响。一方面，他倡导排除所有偏见，这催生出了一个具有普遍性的认知主体——一个纯粹、干净的"我"。虽然培根本人并没有直接提出这一概念，但他的思想为后来的哲学发展提供了新的视角和思考方向。另一方面，他的偏见理论也引发了对理解结构的深入思考。在伽达默尔看来，培根对偏见的排除可能遮蔽了真正的理解结构。这引发了关于偏见在理解结构中的位置以及是否存在一个纯粹、无偏见的认知主体的讨论。可以说，培根的哲学思想将对真理的探索缩小到了科学层面。他强调了科学方法的重要性，并认为只有通过科学方法得出的结果才能被视为真理。这一观点为后来的科学研究提供了方法论指导，并定下了追求真理的基调。培根的四种假象

◇ 亨利克·西米拉兹基《克拉科夫大剧院的幕布》

>>> 卸下妆容,演员们终究要回到真实的自我。

理论不仅揭示了人类认识过程中的偏见和局限，更为我们提供了一种更为客观、理性的认识世界的方式。

哲学家笛卡儿，则将这一独特的原则确立于哲学领域，并由此引发了真理观的深刻转变。他勇敢地对我们所生活的世界提出了质疑：这个世界是否真的存在一个实体，作为万物之根本？这个问题，无疑在哲学界投下了一颗震撼弹。我们身处的世界，看似真实且触手可及，然而，在笛卡儿的眼中，这个世界的真实性却变得模糊起来。他敏锐地指出，我们所观察到的世界是瞬息万变的，仿佛一切都在流转，无法找到一个永恒不变的存在。就像古人所说的"庄周梦蝶"，我们现实生活中的一切，究竟是真实还是虚幻，其实也让人难以分辨。这种思考方式，使得我们周围的一切仿佛都变成了幻象，进而引发了对知识的深刻怀疑。

笛卡儿的怀疑并非空洞无物，而是以严谨的逻辑为基础。他认为，既然我们生活的世界如此多变，那么关于这个世界的知识也就变得可疑起来。比如物理学、天文学等自然科学，它们的研究对象都是我们周围这个变幻莫测的世界。因此，这些知识也就不再那么可靠。在神学观念根

◇ 埃尔·格列柯《基督下葬》

>>> 耶稣之死,被一些哲学家喻为人的理性的成长。

深蒂固的当时,笛卡儿甚至敢于挑战权威,用自己的怀疑方法论去质疑上帝的存在。这种勇气与智慧,无疑为哲学思想注入了新的活力。正是通过这种彻底的怀疑,笛卡儿逐渐剥离了世界的表象,最终发现了一个无法被怀疑的事实,那就是"我在怀疑"本身。无论我们对周围的世界进行多么彻底的怀疑,都无法否定"我在怀疑"这个铁一般的事实。这个发现,为笛卡儿提供了一个坚实的哲学支点,也成为他哲学体系的核心。在这个基础上,笛卡儿提出了著名的"我思故我在"的观点。他认为,"我"这个正在思考的实体,才是形而上学的第一原理。这个普遍的、正在思想的"我",成为一个无可争议的事实,也成为知识的可靠基础。从此以后,哲学的方向发生了转变,人们开始关注世界是如何向"我"显现的,也即"我"是如何认识周围世界的。

笛卡儿的这一哲学转变,对后世产生了深远的影响。他将巴门尼德的真理之路与意见之路的区分推向了极端。在巴门尼德的理论中,真理之路与意见之路是两条截然不同的道路。而笛卡儿通过怀疑的方法论,将这两条道路的

◇ 笛卡儿

>>> 万象都在变化,唯有真我在静观一切。

分歧进一步放大，引发了人们对真理的深刻思考。笛卡儿的哲学思想同时也开启了近代以来人类理性不断膨胀的历史。在他的影响下，人们开始逐渐摆脱神学的束缚，相信自己有能力去探寻和认识真理。这种理性的觉醒，使得人们开始追求科学的知识和方法，以期更好地理解世界。

然而，在海德格尔等哲学家看来，笛卡儿的这种转变也带来了一定的问题。他们认为，笛卡儿将"我"作为哲学的出发点，虽然为知识找到了一个可靠的基础，但也在一定程度上遮蔽了"存在"问题本身。换句话说，当我们过于关注"我"如何认识世界时，可能会忽略世界本身的复杂性和多元性。尽管如此，笛卡儿的哲学思想仍然对后世产生了深远的影响。在笛卡儿之后的哲学家们，无论是经验论的主张还是唯理论的主张，都在致力于解决他所遗留下来的问题：我们是如何认识这个世界的？换句话说，这个世界是如何可能的？

例如，经验论者如洛克和休谟认为，我们的知识来源于经验，是通过对外部世界的感知和观察获得的。他们强调经验在认识过程中的重要性，并试图通过经验来解释世

◇ 尼古拉·盖《什么是真理》

>>> 众说纷纭,真理到底是什么呢?

◇ 英国哲学家洛克

>>> 人们获得的经验,只如同沧海一粟,真理真的能在经验中得到吗?

界的可能性。而唯理论者如斯宾诺莎和莱布尼茨则更加注重理性和推理在认识过程中的作用。他们认为，理性能够帮助我们透过表象看到本质，从而更深入地理解世界。这些哲学家在探讨认识世界的问题时，都不可避免地受到了笛卡儿哲学思想的影响。他们试图在笛卡儿的基础上进一步发展哲学思想，以更好地回答"我们是如何认识这个世界的"这一问题。这也充分证明了笛卡儿哲学思想的重要性和深远影响。

总的来说，笛卡儿的哲学思想以其独特的视角和方法论引发了真理观的转变，并为后世哲学家们提供了宝贵的思想资源。他的怀疑方法论、"我思故我在"的观点以及对知识的追求都深刻地影响了后世哲学的发展方向和思维方式。虽然他的思想也存在一定的局限性，但不可否认的是，笛卡儿在哲学史上的地位举足轻重，他的思想至今仍具有重要的启示意义。

◇ 荷兰哲学家斯宾诺莎

>>> 习惯是人生的伟大指南,除了我们经验到的一些,还有什么呢?

第四章
解决主客之间的割裂

一、回到"辩证法"
二、真理通过具体的人来展开

一、回到"辩证法"

哲学家康德，深入探索了理性本身的奥秘，试图通过调和经验论与唯理论来解答人们对于认识的困惑。他精练地提出了一个先验的"我"的概念，这个普遍的"我"被他巧妙地划分为四类十二个范畴，它们如同理性的指南针，引导我们理解和解释周围的世界。

我们在此可以想象一下，当你抬头仰望天空，看到乌云密布，你可能会预测："一会儿会下雨。"这种判断并非源于云和雨本身，而是我们的理性中的"因果"范畴赋予了云和雨之间的这种关系。康德认为，这种因果关系的认知，实际上是我们理性的范畴在起作用，它将云和雨的出现联系在了一起。这正是康德哲学中的一个核心理念：我们对世界的认识，是通过我们的感性体验和理性的范畴来共同构建的。再举一个例子，当我们看到太阳从东方升起，我们会自然地认为新的一天开始了。这同样是我们理性中

◇ 德国哲学家康德

>>> 经验的碎片，由人的理性进行梳理。

的"时间"范畴在起作用。太阳的出现和时间的流逝之间，并没有直接的物理联系，但是我们的理性却能够将它们联系在一起，形成一个有序的时间观念。

康德的十二个范畴，包括质、量、关系、样式四大类，每一类下又细分为三个范畴。这些范畴就像是我们理性的工具箱，帮助我们组织和理解世界。比如，"质"的范畴帮助我们理解事物的本质属性，"量"的范畴让我们能够计数和衡量，"关系"的范畴则帮助我们理解事物之间的联系，"样式"的范畴则揭示了事物的存在方式和变化规律。然而，康德也明确指出，我们对世界的认识终究是有限的。我们的感性体验，比如用眼睛看世界，是我们获取信息的唯一途径。我们无法超出我们的视觉成像来探求"映入眼帘"之外的世界，我们的理性只能处理这些感性材料，而无法超越它们去探索未知的世界。这就像是我们被困在了一个由我们的感性体验和理性范畴构建的"泡沫"里，无法触及泡沫之外的世界。那么，这个"泡沫"之外的世界是什么呢？康德称之为"物自体"。这是一个我们无法判断、无法认识的实体，它包括了外在的世界、上帝以及真

◇ 凡·高《乌云密布的天空下》

>>> 云行雨至,只是我们习惯性的认为。

实的"我"。这个"物自体"是理性无法触及的,因为它超出了我们的感性体验和理性范畴。在这里,康德提出了他著名的"知性为自然立法"的观点,即我们的理性通过十二个范畴来组织和理解世界,但这个世界只是理性构建出来的,而并非真实的世界本身。虽然康德巧妙地解决了认识的问题,但他也留下了一个难题:我们如何知道"物自体"的存在呢?如果我们无法超出自己的感性体验和理性范畴来认识世界,那么我们又怎么能确定"物自体"的存在呢?这个问题一直困扰着后世的哲学家们。

总的来说,康德的哲学思想为我们理解世界提供了一个独特的视角。他强调了理性在认识世界中的重要作用,但同时也指出了我们认识的局限性。通过康德的哲学思想,我们可以更深入地理解人类认识的本质和局限,也为我们探索未知世界提供了宝贵的思考工具。尽管他留下了关于"物自体"的难题,但这并不妨碍他成为哲学史上的一位巨匠,他的思想至今仍在激发着人们对世界和自我的思考。

为了更深入地理解康德的思想,我们可以进一步探讨他关于"自由"和"道德"的论述。康德认为,虽然我们

◇ 雷尼·马格利特《哲学家之灯》

>>> 你的理论，有时只是你自己的思想闭环。

的认识受到感性体验和理性范畴的限制，但人类的精神并不止于此。他提出了"实践理性"的概念，即我们在道德实践中可以超越自然的限制，实现真正的自由。这种自由并非随心所欲，而是遵循理性的道德法则，以普遍的道德原则为指导。这种道德法则并非来自外部世界，而是源于我们内心的理性。通过遵循这种道德法则，我们可以实现自我超越，达到真正的自由境界。这也是康德哲学中另一个重要的思想贡献。此外，康德的思想对于现代科学和哲学的发展也产生了深远的影响。他的认识论观点启发了人们对科学知识的反思和审视，推动了科学哲学的兴起。同时，他的道德哲学也为现代伦理学提供了重要的理论基础和思考方向。可以说，康德的思想不仅深化了我们对世界和自我的理解，也为人类文明的进步和发展做出了重要贡献。

为了解决"主体"与"实体"之间的深邃鸿沟，黑格尔从柏拉图的哲学宝库中汲取智慧，试图借助柏拉图的辩证法工具来消除"物自体"这一概念所带来的困扰。然而，黑格尔并非全盘接受柏拉图的辩证法，而是巧妙地选取了其中的方法，却未完全采纳其所有特征。在柏拉图的哲学体系中，辩证法是通过对话与辩论，逐步接近真理的奥妙途径。它好似一场思想的角力，通过问答、质疑与反思，逐步剥离事物的表象，进而洞察其本质。然而，在黑格尔的哲学世界里，辩证法却呈现出截然不同的风貌。它不再是一场对话，而是精神自身的内心独白，是精神在自我探索中不断挣脱束缚、展现自我的壮丽历程。

黑格尔的这一创新并非凭空而来，而是建立在他对历史的深刻理解之上。他将历史的维度融入辩证法中，使得这一哲学方法焕发出新的生机。在黑格尔的理论里，辩证法的起点便是那神秘而深邃的"精神"。这个逻辑起点与柏拉图的"理念"有着异曲同工之妙，它同样是"存在"的一种表现形式，是孕育万物的根本所在。想象一下，历史的长河如同一条蜿蜒曲折的河流，而"精神"便是这河流的源头。它源源不断地涌动着，推动着历史的进程。在这个过程中，"精神"通过不断否定自我、超越自我，向着更为完善的境界迈进。而这一切，都是通过主体的认知与理解得以显现的。换言之，人类在这里扮演了"精神"的代言人和诠释者的角色。

◇ 德国哲学家黑格尔

>>> 黑格尔试图克服主体与客体之间的鸿沟。

当我们回顾哲学史的发展，乃至人类历史的演进，不难发现这其实就是"精神"借助人类之口，不断诉说自身成长与变迁的故事。黑格尔所理解的主体，即人类本身，其认知过程便是对实体规定性的不断探索与领悟。而康德所遗留的"物自体"难题，在黑格尔的理论中得到了新的解读与解决之道。在黑格尔的视角下，"物自体"并非一个不可逾越的障碍。相反，它可以通过人类的认知展开而逐渐得到消解。辩证法在这里发挥了至关重要的作用。它推动着"精神"的不断展开与自我超越，同时也促使主体与实体之间的相互克服与融合。最终，主体通过对"精神"的深刻领悟与表达，通过对实体的全面认知与理解，也达成了对自我的深刻认识。这一过程犹如一场精神的冒险之旅。在这场旅程中，"精神"不断挑战自我、突破界限，在否定与肯定之间寻找着平衡与和谐。而人类作为这场冒险的参与者和见证者，也在不断探索与成长中发现了自身的价值与意义。

为了更生动地阐述黑格尔的哲学思想，我们可以举一个简单的例子。假设有一个人想要学习绘画，他开始时对

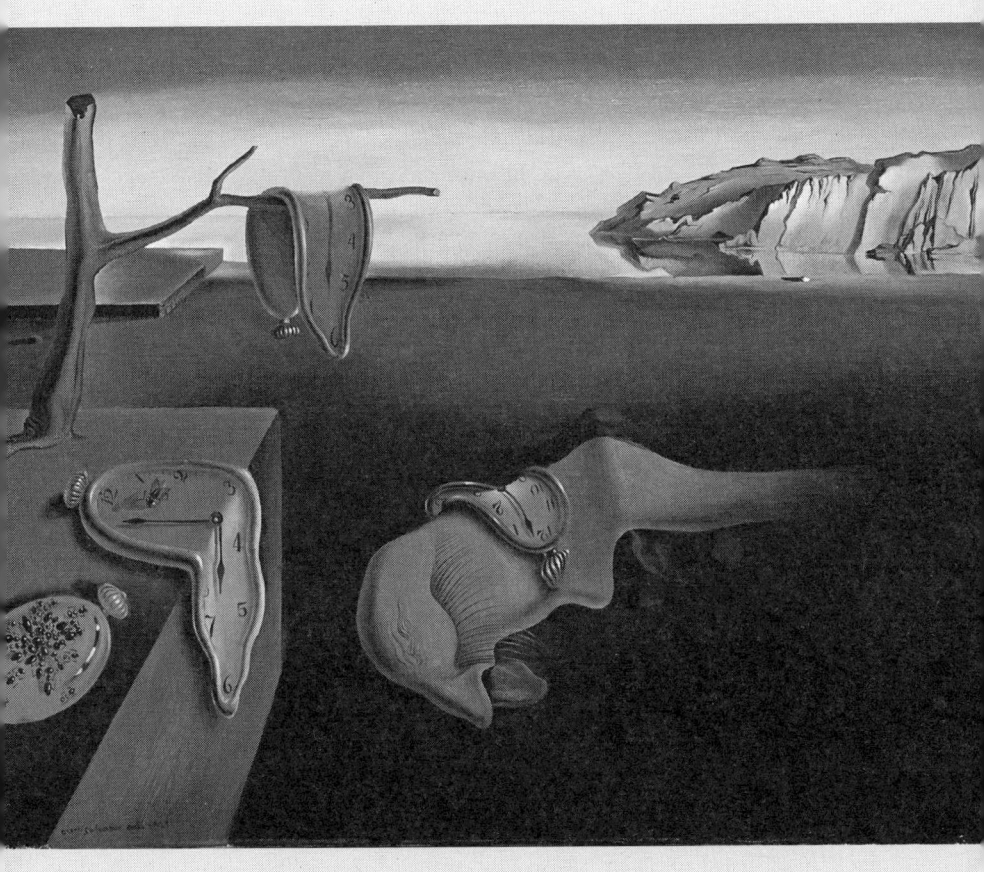

◇ 达利《记忆的永恒》

>>> 你的认知,可能只是一场梦幻,并非真实境。

绘画一无所知，但随着不断的学习和实践，他逐渐掌握了绘画的技巧和精髓。这个过程就可以看作"精神"的展开过程，也是主体与实体之间不断互相克服的过程。最终，这个人通过对绘画的深入理解和实践，不仅成为一位优秀的画家，还更深刻地认识了自己和绘画这门艺术。黑格尔的"主体即实体"观念正是基于这样的思考。他认为主体的认知过程与实体的展开过程是相辅相成的。换言之，我们并没有任何认知的盲点或局限性。这一观念在某种程度上已经触及了伽达默尔哲学诠释学的一些核心理念。伽达默尔的哲学诠释学涉及主体对于文本的认知与理解，这本身就是一种主体与实体之间的辩证关系。而黑格尔将历史范畴融入辩证法中的做法，实际上已经隐含了哲学诠释学中的理解的历史性这一核心观点。

然而，尽管黑格尔的哲学思想对伽达默尔产生了深远的影响，但两者在某些关键问题上还是存在着分歧。黑格尔认为"精神"的展开是有一个终点的，即最终会走向完满的绝对精神。而伽达默尔则持有不同的观点，他认为这种认知的过程是无限的、没有终点的。在伽达默尔看来，黑

◇ 小扬·布鲁格赫尔《天堂》

>>> 真的有一个独立于主客观之外的"天堂"吗?

格尔在某种程度上忽视了人类的有限性和历史性。人类的认知过程是无限的，因为历史是不断前进的，新的情况和问题会不断涌现，需要人类不断地去认知和理解。因此，黑格尔的真理观在某种程度上默认了我们的世界存在一个终极的根据和圆满的真理。而伽达默尔则沿着黑格尔历史性的辩证法的思路，进一步走向了理解的真理。他认为真理并非高高在上、超出人类意识的东西，而是深深植根于人类的历史性和有限性之中的理解过程。这种理解过程是无限的、开放的，它随着人类历史的演进而不断发展变化。

总的来说，黑格尔的哲学思想为我们提供了一种全新的视角来审视主体与实体之间的关系以及真理的本质。尽管他的某些观点可能存在争议，但不可否认的是，他的思想对后世的哲学思考产生了深远的影响。

二、真理通过具体的人来展开

胡塞尔勇敢地接过了康德遗留下的"物自体"难题，尝试用另一种独特的视角来消解这个深奥的哲学问题。在

◇ 胡塞尔

>>> 胡塞尔又一次回到人的认识本身,"实体"就在我们的认识之中。

康德的理论中,"物自体"实际上指的就是实体,是那种作为存在显现的实体。然而,康德对此持有一种不可知论的态度,认为我们无法真正触及物自体的本质。胡塞尔敏锐地指出康德哲学中的一个矛盾点:康德既限定了理性的范围,认为我们只能感知到世界对我们所呈现的样子,我们的感知仅限于我们的感觉范围之内,那么,我们又是如何知道外界存在一个物自体呢?这就像我们被束缚在一个小小的感知"气泡"里,却试图窥探泡泡之外的广阔世界。这种矛盾,似乎在科学的飞速发展下被巧妙地掩盖了。然而,胡塞尔提出了一个独到的见解。他认为,在我们对外在世界的直观中,已经有一些"一般性"的东西被赋予了。为了更直观地解释这一点,让我们来看一个生动的例子。假设我们眼前有一张桌子,无论我们站得多远,无论我们从哪个角度去观察,哪怕只是露出桌子一角,我们都能一眼就认出那是一张桌子。桌子本身的实体,似乎在我们的直观中被在先直接给出了。

如果按照康德以及之前哲学家的思路,我们所能感受到的只是桌子的各种属性,比如它的形状、颜色、质地等。

◇ 毕加索《窗前桌子》

>>> "桌子"本身其实就是这样呈现在我们的思维中。

而那个被称为桌子的实体,则隐藏在某个我们无法触及的地方,保证这些属性的存在。如果按照这种思路,那我们岂不是要把桌子的每一面都仔细观察一遍,了解它的每一种材质、每一种颜色,才能确信地说这是一张桌子吗?这显然是一种科学的研究方法,符合科学对事物的认知方式。但是,回到我们的日常生活中,当我们看到一张桌子时,无论它以何种角度对着我们,我们都能一眼就认出那是一张桌子。那个"是桌子"的东西,在我们的直观中被直接给出了。胡塞尔的这一观点,巧妙地消解了康德"物自体"未知的困扰。换句话说,对于同一个对象,我们可以体验到各种不同的内容,但是我们所感知到的对象本身却只有一个。

这就像是在观察一座山峰,无论我们从哪个角度去欣赏,无论是站在山脚下仰望,还是站在山顶上俯瞰,我们都能认出那是一座山峰。山峰的实体在我们的直观中被直接给出,无须我们去逐一探索它的每一个细节。胡塞尔的这种观点实际上暗示了一种真理观的转变。他提出了"视角真理"的合法性,认为真理并不是那个高高在上的、无根无据的概念。相反，它在不断地回归到我们的日常生活中，与我们的直观和经验紧密相连。为了进一步阐释这一观点，我们可以再举一个例子。假设我们正在欣赏一幅美丽的画作，画中的景色栩栩如生，仿佛将我们带入了一个真实的世界。当我们仔细观察这幅画时，我们会发现画中的每一处细节都被精心描绘出来，无论是远处的山峦、近处的树木，还是流淌的小溪、飞翔的鸟儿。然而，尽管我们可以从画中感受到这些景物的存在和美丽，但我们并不需要去逐一验证它们的真实性。因为在我们欣赏这幅画的过程中，这些景物的实体已经被直接给出了。

在胡塞尔的哲学观点中，真理也不再是那个遥不可及的目标。相反，它就在我们的日常生活中，就在我们的直观和经验中。我们不需要去追求一个绝对的、无根的真理，而应该从我们的实际经验出发，去探索和理解世界的本质。总的来说，胡塞尔通过独特的视角和方法论，对康德的"物自体"难题进行了深入的剖析和消解。他的观点不仅为我们提供了一种全新的思考方式，也让我们对真理有了更深入的理解。在胡塞尔的哲学世界中，真理不再是那

◇ 燕文贵《溪山楼观图》

>>> "审美"并不需要自然科学的数据,真理自然显现。

个高高在上的概念，而是与我们的日常生活紧密相连的实体。通过他的理论，我们可以更好地认识和理解世界，从而更深入地探索哲学的奥秘。

海德格尔继承并发扬了其师胡塞尔的研究路线，但他的探索更为深入和彻底，从而引领了真理观的全新转变。胡塞尔的现象学虽已初露哲学转向的端倪，却仍受主客二分思维的束缚。海德格尔则勇敢地挣脱了这一桎梏，他的思维更为前卫。他追溯至古希腊哲学的源头，重新审视那个常被忽视却至关重要的问题——"存在"。通过这一探索，海德格尔为我们打开了一扇通往更深层次哲学思考的大门，让我们得以重新审视世界与自我的本质。他的这一创举，无疑为哲学领域注入了新的活力，也为我们提供了更多关于存在与真理的启示。在海德格尔的引领下，我们得以更加深入地探寻哲学的奥秘，感受存在的真谛。

海德格尔的真理观，仿佛那"旧时王谢堂前燕，飞入寻常百姓家"，将高深的哲学理念带入了寻常生活。他独具慧眼地指出，西方哲学在漫长的发展历程中，虽然一直在探寻"存在"的奥秘，但实际上却往往遮蔽了"存在"的

◇ 海德格尔

>>> 海德格尔开始转向,你自己的视角中就已经包含了真理,只是不自知。

真谛。这是因为哲学家们在探索过程中，不经意间混淆了"存在"与"存在者"的界限，同时在哲学探讨中也掺杂了太多未经深思熟虑的理论预设。想象一下，我们一直在寻找那个世间万物背后的根本依据，"存在"便是这个依据，它如同哲学舞台上的主角，吸引着无数哲学家去探寻。然而，人们似乎总是不满足于仅仅感知这个"存在"，而是渴望能够明确地找到它、定义它。但海德格尔提醒我们，一旦我们试图用语言去定义"存在"，我们其实就已经限制了它的自由，将其囚禁在了一个固定的定义之中，从而剥夺了它原本的光彩。这个问题在中国文化中却有着不同的处理方式。中国文化的一个显著特点就是对终极意义问题保持了一种审慎的态度，很少去明确界定。这种处理方式恰恰赋予了终极问题以持久的生命力，使它能够时刻活跃在我们的日常生活中。以《道德经》为例，老子在谈论"道"时，开篇便奠定了基调："道可道，非常道。"这句话深刻地揭示了"道"的不可言说性，一旦用言语去表达，"道"便会隐而不见。

"存在"问题亦是如此，海德格尔认为，历史上众多

◇ 凡·高《绕圈行走的囚犯》

>>> 突破自己的思维闭环,必将见到一个新世界。

哲学家对"存在"的解读，如柏拉图的"理念"，亚里士多德的"实体"，笛卡儿的"我思"主体，乃至黑格尔的"绝对精神"，虽然看似揭示了"存在"的真相，但实际上却是对其的一种遮蔽。这些解读只是点亮了"存在"的某一种可能性，却让我们陷入了更大的迷雾之中。举个例子来说，就好比我们试图用一束手电筒的光芒去照亮一个巨大的黑暗洞穴。手电筒的光芒确实能够照亮洞穴中的一小部分，让我们看到那里的景象，但同时，它也让我们忽视了洞穴中其他未被照亮的部分。这束光芒就如同哲学家们对"存在"的解读，虽然带给我们一些启示，但同时也可能让我们忽略了"存在"更为广阔和深邃的内涵。

因此，海德格尔主张我们应该回到"存在"本身，重新审视这个问题。他倡导一种更为开放和包容的哲学态度，不拘泥于固定的定义和解读，而是尽可能地保持对"存在"的敬畏和好奇。这种思想其实与我们的日常生活也息息相关。在日常生活中，我们也常常会遇到类似的情况。比如，我们试图去定义一个人，但往往发现，任何定义都无法完全概括这个人的全部特质和经历。因为每个人都是独一无

◇ 凡·高《罗纳河上的星夜》

>>> 只要抬头，就能看到满天星空。

二的，他们的性格、经历和价值观都是复杂而多变的。同样地，"存在"也是一个复杂而多变的概念，它无法被简单地定义或解释。因此，海德格尔的真理观提醒我们，在探寻"存在"的过程中，我们应该保持一种开放和包容的态度，不要被固定的定义和解读所束缚。只有这样，我们才能真正地接近"存在"的真谛，领略到它无尽的魅力和奥秘。同时，这种思想也对我们理解日常生活和人际关系具有重要的指导意义。让我们在探寻真理的道路上，保持一颗敬畏和好奇的心吧！

先前哲学的思路，总是试图在无常的世间万物背后，找到一个永恒不变的常理。哲学家们孜孜不倦地追求抽象，期望从纷繁复杂的现象中提炼出一个至高无上、稳固不变的制高点，以此作为解释一切的基石。例如，柏拉图构想出的"理念世界"，那是一个完美且永恒的领域，凌驾于现实世界之上，为万物提供模板和指引。笛卡儿则提出了"我思故我在"的命题，将思考作为存在的根本，试图找到一个不可动摇的思维起点。康德的"知性"以及胡塞尔的"纯粹自我"，同样是在追求这样一个普遍的、恒定的逻辑起点。然而，这种追求在某种程度上忽略了人的实际生存状态。我们生活在这个感性且多变的世界中，每一天都充满了变化和挑战。人并非站在世界的对立面，以旁观者的身份冷静地观察这个世界，相反，我们是这个世界不可分割的一部分，与周围的环境和事物紧密相连。从这个角度来看，试图跳脱出自身来审视自己，似乎成了一种不可能完成的任务。

海德格尔正是在这一点上进行了深刻的反思。他选择从感性的世间万物入手，将目光投向了我们日常生活中触手可及的事物。在他看来，"存在"并非一个高高在上的抽象概念，而是隐藏在每一个具体存在者之中的奥秘。想要探寻"存在"的真谛，就必须从这些具体的存在者开始。以太阳为例，它的存在对于我们来说具有极其重要的意义。阳光照耀大地，为我们带来温暖；它滋养着植物，使得生命得以延续。在这里，"存在"于太阳上显现出来的可能性，是与人息息相关的。太阳的存在，不仅仅是一种物理现象，更是一种与人相互关联、相互影响的存在状态。这种指向人的可能性，赋予了太阳独特的存在意义。

◇ 凡·高《橄榄树、黄天与太阳》

>>> 没有阳光,我们也无法存活。我们的存活中,本有阳光的因素。

在所有存在者中，人作为一个特殊的存在者占据着基础地位。我们不仅能够感知和思考自己的存在，还能对周围的世界进行反思和追问。因此，想要让"存在"真正显现出其本质和意义，从人这种特殊的存在者入手是最为合适的途径。这也是海德格尔所称的"此在"——意即"存在于此中显现"。通过关注人的生存状态和感知方式，我们可以更深入地理解"存在"的内涵。人不是孤立存在的个体，而是与世界紧密相连的一部分。我们的感知、思考和行动都在不断地与周围环境发生互动和影响。因此，"存在"不仅是一个抽象的概念或制高点，它更是融入了我们日常生活的方方面面，与我们的生存状态息息相关。海德格尔的这种思考方式为我们打开了一扇新的窗户，让我们能够从一个全新的角度来审视和理解"存在"。他提醒我们不要过于沉迷于抽象的哲学思辨中而忽略了人的实际生存状态；相反地，我们应该将目光投向具体的生活实践和经验中去寻找"存在"的真谛。在此，海德格尔以其深邃的思考和对传统哲学观念的颠覆，为我们提供了一种全新的视角来看待主体与客体的关系。他认为，所谓主体与客体

◇ 保罗·高更《真理时刻》

>>> 从文字回到生活本身，真理从未离开你。

的区分，其实只是一种理论上的预设，这种预设本身并未经过深入考察。这一观点，无疑是对传统哲学观念的一种挑战。

在海德格尔的理论中，人的本质被描述为一种"被抛状态"。这种状态意味着，当人进入这个世界时，并没有明确的主体与客体之分。人的存在，显然是在这种主客分离之前的状态。这与笛卡儿的"我思故我在"的观点形成了鲜明的对比。在海德格尔看来，我们应该反过来理解：首先是"我在"，然后才谈得上"我思"，才谈得上关于主体与客体的区分，犹如儿童成长过程中对世界的认知。这个观点其实很容易理解。当我们还未接触到任何哲学知识的训练时，我们并不会去思考主体与客体的区分。我们与我们生活的世界和谐共存，仿佛是一个整体。我们感受不到自己与世界剥离的状态，因为那是一种存在之后的反思状态，而非最初的自然状态。因此，这种状态也并非人的本质状态。西方哲学的发展，实际上在不断增加概念的过程中，逐渐遮蔽了"存在"的真谛。海德格尔认为，既然人的存在先于主客之分，那么人就不是站在世界之外来客观地去"认识"存在。我们每个人与自己的存在是紧密相连的,这个状态才是最本原的。

我们并不是以"认识"的方式去静观"存在"。我们对存在的体认方式,既非理性认识,也不是将其当作一个对象来审视。相反,它是我们生存活动的对象。因此,在海德格尔的理论中,并不是人去"认识"存在,而是人"理解"着去存在。"存在"与人紧密相连,通过人而显现出来。因此,人无法将"存在"拿出来去"认识",只能去"理解"、去守护"存在",而非去精确地认识它进而达到它。这个过程可以简要概括为:"我在"在前,而后"我思"。海德格尔将"我思"变成了"我在"的一种存在方式。这种转变,无疑为我们提供了一种全新的视角来看待人的存在与真理的关系。为了进一步阐述这一观点,我们可以举一个生动的例子。想象一下,一个婴儿刚刚来到这个世界,他并不会去思考自己与周围环境的区别,也不会去区分主体与客体。他只是单纯地存在着,与世界和谐共存。随着时间的推移,他逐渐开始接触到哲学知识,开始思考自己与世界的关系。然而,这种思考并不能否定他最初的存在状态。正如海德格尔所说,"我在"是在"我思"之前的。

同样地,当我们试图去认识"存在"时,我们也会发现,"存在"并不是一个简单的对象,可以被我们轻易地拿出来审视。相反,"存在"是与我们紧密相连的,它渗透在我们的生存活动中。我们只能去理解它、去体验它,而无法精确地认识它。这种理解方式,也正是海德格尔所强调的"理解着去存在"。总的来说,海德格尔的哲学观点为我们提供了一种全新的视角来看待人的存在与真理的关系。他挑战了传统哲学观念中关于主体与客体的区分,提出了"被抛状态"和"理解着去存在"等新颖的观点。这些观点不仅深化了我们对人的存在的理解,也为我们探索真理提供了新的思路。

"存在",这个深邃而神秘的概念,它自身就像一片浩渺无垠的海洋,孕育着无尽的可能性。这些可能性如同潜藏在水下的宝藏,待人去探寻,去发现。而人就像是这片海洋上的一艘探险船,不断地航行,寻找那些隐藏在深海中的秘密。想象一下,当阳光透过一个镜片,它会被折射出五彩斑斓的光芒。同样,"存在"通过人的视角,也展现出千变万化的面貌。每个人就像一个独特的镜片,根据自己的经验、知识、情感,将"存在"的可能性折射出不同的色彩。这些色彩,就是我们对"存在"的种种理解,它们共同构成了"存在"的丰富内涵。在海德格尔的哲学体系中,真理观发生了深刻的转变。那种高高在上、独一无二的真理被颠覆,取而代之的是视角的真理。这种真理观认为,真理并非绝对的、客观的存在,而是与人的视角紧密相连。就像"千江有水千江月",每条江流都映照着同一轮明月,却因江水的不同而呈现出各异的景象。同样,每个人对"存在"的理解,都是基于自己独特的视角和体验。

人,作为"存在"的显现者,其显现的结构就是"理解"。我们不仅是存在的生物,更是理解的动物。从出生的那一刻起,我们就在不断地理解与解释着自己的存在。这个过程就像是一场永无止境的探险,我们在未知的领域中摸索前行,将那些未知的东西逐渐拉入已知的世界。"存在"通过我们的理解而不断展开,成为带有我们个人特色的"新的存在"。这种"新的存在"并非对原有存在的否定或替代，而是在原有基础上融入了我们的理解和体验。因为"存在"本身只能以视角真理的方式来显现，它自身是可能性的境域，是无尽的"无"。当我们厘清了"存在"作为真理的本质，以及它的显现取决于人的理解之后，接下来的任务就是探索理解的结构问题。海德格尔认为，我们对一个事物的理解并非无前提的把握。相反，理解具有一个前结构，即"前有、前见与前把握"。这就像是在探索一片未知的森林，我们需要先了解森林的地形、植被等基本信息，才能更好地进行探险。同样，在理解一个事物之前，我们也需要先具备一定的知识、经验和观念作为前提。

综上所述，"存在"是一种可能性的境域，它通过人的视角而显现出不同的色彩。在海德格尔的哲学体系中，真理观发生了转变，"视角的真理"具有了合法性。而人作为"存在"的显现者，其显现的结构就是"理解"。我们通过不断地理解与解释自己的存在来探索未知领域并将未知拉入已知世界。同时，在理解事物之前我们需要具备一定的前结构作为前提才能更好地进行理解和把握。在我们探讨理解的过程中，"前有"、"前见"和"前把握"这三个概念起着至关重要的作用。为了更好地理解它们，让我们通过一些生动的例子来进行详细解读。

谈到"前有"，我们不得不提及它与"先行理解"的因缘关系整体各部分之间的紧密联系。想象一下，你第一次走进一个陌生的城市，你对这个城市的理解，会受到你先前对所有城市的整体印象和经验的影响。这就像是我们理解某个东西时，总是将其置于一个更大的关系整体中来审视。举个简单的例子，假设你曾经住在一个传统的四合院里，那里的门是进入院落的唯一通道。当你来到一个全新的建筑，看到一扇类似的门，你的第一反应会是去推开它，因为你基于以往的经验，认为门是用来进入的。然而，在这个新建筑中，那扇门可能并非用于进入，而是有着其他特殊的功能。这时，你的理解起点，即那个熟悉的四合院的整体关系，就成了你的"前有"。

接下来是"前见"，它是基于我们已有的对整体关系的理解所产生的理论视角。就像你戴上了一副有色眼镜，透过这副眼镜，你看到的世界会带有某种特定的色彩。同样地，当我们用既有的理论视角去"瞄准"被理解的东西

◇ 罗曼·塞尔斯基《门》

>>> 在我们的习惯思维中,"门"只限定在进出某个地方的通道,这就是概念的固化。

时，我们也会将其拉入我们的"前见"之中。比如，一个经济学家和一个艺术家在面对同一幅画作时，他们的理解会截然不同。经济学家可能会从投资价值、市场需求等角度来分析，而艺术家则可能更关注画作的创作技巧、情感表达等方面。这就是因为他们的"前见"不同，导致了对同一事物的不同理解。

最后是"前把握"，它指的是我们基于理解的前结构对将要被理解的新的东西给予的一个暂时的概念。这就像是在探索未知领域时，我们会根据已有的知识和经验来做出初步的判断和假设。例如，当科学家在研究一种新的水生植物时，他们可能会基于以往对植物的了解，暂时将这种植物归类为某种已知的植物类型。然而，随着研究的深入，他们可能会发现这种植物独有的特性，从而需要对其进行重新分类。这个过程中的初步判断和假设，就是"前把握"。

综上所述，"前有"、"前见"和"前把握"在理解过程中起着举足轻重的作用。它们像是一把双刃剑，既能帮助我们更快地理解新事物，也可能限制我们的视野和思考。

◇ 莫奈《睡莲》

>>> 事物会随着你认识的深入而变化。

因此，在追求真理的道路上，我们需要不断地反思和调整自己的理解结构，以更开放的心态去接纳和理解这个多姿多彩的世界。

从海德格尔开始，真理的探索逐渐从传统的形而上学转向了诠释学的领域。他敏锐地指出，过去哲学家们所追求的那个高高在上的、隐藏在万物背后的绝对真理，其实是一条走不通的死胡同。这就好比我们明明已经身处温馨的家中，却还要盲目地四处寻找家的方向，岂不是南辕北辙吗？海德格尔认为，真理并非遥不可及的高悬之物，而是隐匿在日常的无常之中。想象一下，如果我们把真理比作一颗璀璨的宝石，那么它并不是被放置在遥不可及的塔顶，而是就散落在我们生活的每一个角落，等待我们去细心发现。在众多存在者中，有一种特殊的存在者能够对自身的存在进行深刻的反思，那就是我们人类。人类在这个探寻真理的过程中，担当起了展示真理的重要角色。人的存在本身就是一种理解的存在，我们通过理解来感知世界，也通过理解来探寻真理。

理解，就像是我们心灵的钥匙，能够打开通往真理的大门。在海德格尔的哲学体系中，真理观发生了重大的转变，从原先的一元论转向了多元论。这里的多元并非指任意的、无秩序的多元，而是在理解的框架下，真理以多角度、多层面的方式呈现出来。就在这个时候，诠释学的真理开始崭露头角。伽达默尔接过海德格尔的接力棒，将"理解"的概念进一步发扬光大。他不仅深入挖掘了理解的结构，更是将诠释学提升到了哲学的高度。在伽达默尔的理论中，诠释学的真理就是"视角的真理"，它从不同的视角出发，揭示出真理的多个面向。举个例子来说，就像是一幅画，从不同的角度欣赏，我们会看到不同的美感和意境。诠释学的真理也是如此，它鼓励我们从多个角度去探索和理解世界，从而揭示出更加丰富多彩的真理面貌。

伽达默尔的工作不仅深化了我们对诠释学真理的理解，也为后来的哲学家们提供了新的思考方向。他的理论就像是一盏明灯，照亮了我们探寻真理的道路，让我们能够在纷繁复杂的世界中，找到属于自己的那份真理。从海德格尔到伽达默尔，他们对真理的探索经历了一次重大的转变。这一转变不仅让我们重新审视了真理的本质，也为

◇ 伽达默尔

>>> 哲学诠释学告诉我们,真理的面貌,取决于我们自己。

我们提供了一种全新的探寻真理的方法。在诠释学的指引下，我们将更加深入地理解世界，也更加接近那个隐藏在无常之中的"真理"。

第五章

"前理解"为真理塑形

一、正见始于偏见
二、"前理解"之于真理的意义

第五章
"前理解"为真理塑形

一、正见始于偏见

在西方哲学的发展历程中，对于真理的探求一直是核心议题。在海德格尔之前的漫长岁月里，哲学家普遍默认了一个前提：在这变幻莫测、纷繁复杂的世间万物背后，存在着一个凌驾于一切之上的终极真理，它像一座高塔，屹立不倒，作为世间万物的根据和本原。这种观念如同一座宏伟的灯塔，指引着西方哲学的发展方向，让无数学者前赴后继地探寻这个深邃的真理。想象一下，这个"真理"就像是一个宝藏，埋藏在世界的某个角落，等待着勇敢的探索者去发掘。而哲学家们，就像是那些怀揣着冒险精神的探险家，他们运用智慧作为指南针，以逻辑为铲，孜孜不倦地在这片广袤的哲学海洋中探寻着、挖掘着。

这种对真理的执着追求，也深刻影响了同时期诠释学的目标。诠释学，这个看似深奥的学科，其实与我们的日常生活息息相关。每当我们阅读一本书、观看一部电影或

◇ 19 世纪大航海油画

>>> 进行思维的探险,才能发现真理的全貌。

是聆听一段音乐时，我们都在不自觉地进行着诠释。而诠释学的目标，就是帮助我们更准确地理解这些文本或作品的内在意义。在哲学领域对真理探求的基调影响下，诠释学家们也纷纷将目标锁定在还原或达到文本创作的作者原意，或是文本自身所蕴含的意义。这就像是一位侦探，努力搜寻着线索，想要揭开案件的真相。而在这个过程中，诠释学家们不仅要深入挖掘文本背后的深层含义，还要努力还原作者的创作意图，这无疑是一项艰巨而复杂的任务。然而，诠释学的起源并非仅仅源于对真理的追求。它的历史发展脉络中，有两个重要的源头：神学与历史语言学。这两者看似风马牛不相及，却在诠释学的发展中起到了关键作用。神学，尤其是《圣经》的解释，为诠释学提供了丰富的实践经验和理论基础。而历史语言学则通过对希腊罗马古典著作的解释，为诠释学注入了深厚的文化底蕴。

诠释学在历史长河中逐渐崭露头角，最初它是以一种方法的形式存在的，是通往独断论真理的一座桥梁。这里的"独断论真理"，指的是那些被认为是绝对正确、无须质疑的真理。在神学领域，《圣经》中所蕴含的上帝的意蕴，

◇ 安德烈·鲁布列夫《耶稣在圣殿的介绍》

>>> 脱出宗教经典诠释学的框架,哲学诠释学有了新的发展。

就是这样一个独断论真理。在当时的社会背景下，教会拥有对《圣经》的唯一解释权，他们以独断的方式诠释着上帝的意蕴。因此，最初的诠释学被赋予了"独断型的诠释学"的称号。想象一下，在那个时代，牧师和法官就如同诠释学的代言人，他们肩负着让生活中的"特殊"服从于那个高高在上的"一般"的使命。他们的诠释工作，就像是在纷繁复杂的世界中寻找秩序和规律，让人们能够更好地理解和遵循上帝的旨意。然而，随着时间的推移，这种独断型的诠释学逐渐受到了挑战。马丁·路德在宗教改革中提出了"《圣经》自身解释自身"的原则，这一观念犹如一股清流，冲破了教会的束缚。《圣经》不再是被教会垄断的神秘之书，而是成为一个可供研究的文本。任何人都可以通过对《圣经》的研究来探寻其中的意蕴，这无疑为诠释学带来了新的发展机遇。

自此以后，《圣经》的意义逐渐从"独断"转向"去发现"。它不再是一个高高在上的存在，而是与我们的生活世界、历史世界紧密相连。这种转变不仅解放了《圣经》本身，也为诠释学注入了新的活力。诠释学家们开始以更加

◇ 马丁·路德

>>> 打破权威而回到人的理解本身。

开放和多元的视角去研究文本，努力发掘其中的深层含义和作者的创作意图。如今，诠释学已经发展成为一门独立的学科，它不仅关注文本的解释和理解，还涉及文化、历史、心理等多个领域。而这一切的发展，都离不开那些为真理而孜孜不倦的哲学家们和诠释学家们的共同努力。他们的探索精神和智慧成果，将永远照耀在诠释学的历史长河中。

施莱尔马赫，这位诠释学的先驱，将诠释学从《圣经》的专属领域中解放出来，使其适用于对所有文本的深入研究。他的这一贡献，犹如打开了一扇全新的大门，让诠释学的光芒照耀到了更广阔的领域。在继承前人通过文字学与语法学深入研究文本的基础上，施莱尔马赫独辟蹊径，创新性地将"心理学"元素融入诠释学中。他试图通过这一创新方法，深入探索并恢复作者的原始创作意图。想象一下，这就像是一位侦探，在繁杂的线索中抽丝剥茧，最终揭示出真相。施莱尔马赫的诠释学方法，归根结底，是一种预感行为，是一种全身心投入作者整个创作过程中的活动。这好比是一位演员，为了更好地理解角色，将自己完全置身于角色的生活和情感世界中。

当然，施莱尔马赫的理论并非凭空而来。他提出了一个重要的前提：我们每个人都是基于普遍性的生命体验而存在的。正因如此，人与人之间在精神层面上是相通的，存在着一种共通的感知。这就好比是不同乐器演奏的同一首曲子，虽然音色各异，但旋律和情感是共通的。所以，我们完全有可能体会到作者的创作意图，并努力恢复它。在此基础之上，施莱尔马赫进一步指出，作者在创作时，其意图是明确且清晰的。然而，作品中除了作者的明确意图外，还蕴含着许多作者无意识中释放出的深层情感和思想。这些部分，甚至连作者本人都未曾察觉，需要诠释者来点亮它们。这就像是一座冰山，我们看到的只是冰山一角，而更大的部分则隐藏在水面之下，等待我们去发现。换句话说，作品中除了作者明确的创作意图外，还蕴含着丰富的无意识情感。这些情感如同宝藏一般，隐藏在作品的字里行间，等待着诠释者的发掘。在这个意义上，施莱尔马赫认为，我们必须比作者自己更深入地理解作者，才能充分挖掘出这些宝藏。这就使得诠释学有了一种"创造"

◇ 施莱尔马赫

>>> 究竟有没有一个真正纯粹的作者的"原意"可供我们进入呢?

的意味，因为诠释者不仅是在理解作品，更是在与作者共同创作，共同揭示那些隐藏在作品深处的情感和思想。

举个例子来说，假设我们正在研究一部古典文学作品。通过施莱尔马赫的诠释学方法，我们不仅可以理解作品的表面意义，还能深入挖掘出作者的创作背景和心路历程。在这个过程中，我们可能会发现一些作者自己都没有意识到的情感和思想，这就是诠释学的魅力所在。伽达默尔对施莱尔马赫的这一理论创新给予了高度评价，他认为这一理论中蕴含了诠释学的全部精髓。换句话说，他倾向于认为作者并不是作品的唯一权威主宰者，也不是作品的特定解释者。这就像是一场音乐会，虽然作曲家是音乐的创作者，但演奏者和听众也同样是这场音乐盛宴的参与者和诠释者。总的来说，施莱尔马赫的诠释学理论为我们提供了一种全新的视角和方法来理解和研究文本。通过他的理论，我们不仅可以更深入地理解作品本身，还能与作者建立一种更深层次的连接和共鸣。

然而，施莱尔马赫并未将这一命题推向深入。他似乎并未清晰地认识到，我们能够有可能比原作者更好地解释

◇ 石恪《二祖调心图》

>>> 心如猛虎，调服平静，才能融合万象之本质。

作品，其根本原因在于人的历史性，以及随之而来的"理解的历史性"——这恰恰赋予了"偏见"以必然性与合法性。施莱尔马赫提出"误解"，或者我们所说的"偏见"，是普遍存在的现象，而诠释学的存在就是为了消除这种误解。举个简单的例子，假设我们正在解读一首古老的诗歌。按照施莱尔马赫的观点，为了准确理解这首诗，我们需要尽可能地剥离与诗歌创作时期、历史背景和作者原意无关的所有现代元素，这就好比是在考古时小心翼翼地刷去文物上的尘土，以揭露其原始面貌。施莱尔马赫坚信，要想避免误解，就必须将与过去、历史和原作者本身意图无关的所有因素彻底剔除，特别是那些属于现代和解读者自身的元素，因为这些都会阻碍我们达到纯客观的理解。这就像是在观察一幅古老的画作时，我们需要摘下有色眼镜，以免自己的主观色彩影响了对画作的原始感受。换句话说，施莱尔马赫主张文本诠释的核心在于绝对还原作品创作时的历史环境、作者的创作意图及其心境等因素。这就像是穿越时空，将原作品重新置于其诞生的历史背景之中，而所有与现代诠释者相关的因素都应被竭力排除。狄尔泰也持有类似的观点。他认为，要理解一个历史文本，诠释者必须放弃现有的所有观念，以便更好地进入作品与作者的原意。这就像是在阅读一部古典小说时，我们需要暂时忘却现代的价值观和观念，以便更贴近作者的原始创作意图，从而把握原作的"客观精神"。

然而，在伽达默尔之前的诠释学发展中，学者们仍遵循着"唯一真理"的观念以及科学研究的方法。他们试图抽象出一个绝对纯粹的"我"来投入原作中去理解和诠释。但这样的尝试真的可行吗？伽达默尔在其哲学诠释学的探索中进一步深入研究了这个问题。他开始为"偏见"正名，正视了之前诠释学中所忽视的"人的历史性"。这就像是在审视一幅画作时，我们不再仅仅关注画作本身，而是开始思考画家与欣赏者二者的生活背景、创作环境以及当时的社会氛围等因素对画作的影响。这样的转变无疑为我们更全面地理解作品提供了新的视角和方法。

在探索认知的旅途中，我们时常努力摆脱那些如影随形的"偏见"。这些偏见，就像是误解的阴霾，遮挡住我们追求真理的视线。自文艺复兴以来，科学的曙光逐渐普照

◇ 狄尔泰

>>> 我们真的能放弃自己脑中原有的观念吗？

大地，人们开始以全新的视角和方法审视世界。特别是培根提出的科学研究中应排除的"四种假象"，以及笛卡儿所倡导的纯粹"我思"，为整个科学界乃至人文领域带来了一股清新的风。在那个时代，"偏见"被视为认知的敌人，是必须被彻底铲除的杂草。因为偏见会扭曲我们的认知，使我们远离真相。然而，德国哲学家伽达默尔却以独到的眼光看待这一问题。他认为，那种试图以理性之剑斩断偏见纠葛的做法，实则是以一种偏见去对抗另一种偏见。

自从笛卡儿将认知的结构划分为主体与客体的对立之后，主体似乎就需要通过一座桥梁才能抵达客体的彼岸。在这个过程中，主体的"我思"被塑造成了一个纯洁无瑕、摆脱了一切偏见的"我"。这个"我"成了衡量客体知识的标准尺度。在自然科学领域，这种对普遍理性的追求或许有其合理之处。因为自然科学的研究对象是相对客观的，我们可以通过一系列实验和观察，将客体推至一个远离我们、可以静观其变的位置，从而对其进行深入细致的研究。然而，当我们试图将这种模式借鉴到人文科学的研究中时，问题便接踵而至。人文科学的研究对象并非冷冰冰的客观存在，而是人的精神产物，是浸润在历史长河中的生动存在。人，作为历史的参与者，又如何能够跳出自己的历史局限性去反思自身呢？我们每一个人都是偏见的集合体，这些偏见构成了我们的认知框架和价值取向。如果剔除这些偏见，我们岂不是要面临解体的危机吗？举个例子来说，当我们试图理解另一个人的感受时，我们并不能真正地跳出自己的立场去直接体验对方的情感。我们所能做的，只是尽可能地换位思考，设身处地地去想象自己在对方所处的境遇下会有怎样的感受。这种换位思考的过程，实际上就是从理解自己开始，进而去理解他人。我们无法摆脱自己的偏见和局限性，但这并不意味着我们无法达成对他人的理解。

伽达默尔所反思的问题，正是"理解"如何可能的问题。他提醒我们，在追求理解的道路上，我们不必过分执着于剔除偏见。相反，我们应该学会正视和接纳自己的偏见，将其作为理解他人的起点和参照系。因为只有在充分理解和接纳自己的基础上，我们才能更好地理解他人和世界。再举一个生动的例子，假设我们是一位热爱古典音乐的乐迷，而我们的朋友则对流行音乐情有独钟。在音乐品味上，我们存在着明显的偏见和差异。然而，这并不意味着我们无法理解对方的音乐喜好。我们可以试着去聆听和分析流行音乐的特点和魅力，从中发现那些能够触动我们内心的元素。通过这样的过程，我们不仅能够丰富自己的音乐体验，还能够更深入地理解朋友的感受和选择。

总之，在追求认知和理解的过程中，我们应该以开放和包容的心态面对偏见。偏见并非洪水猛兽，而是我们认知世界的一种视角和工具。通过正视和接纳偏见，我们能够更全面地认识自己和他人，进而在理解的道路上走得更远、更宽广。这正是伽达默尔所倡导的理解观，也是我们在探索认知世界时应该秉持的态度和方法。

既然理解的过程必须从自我认知的深处开启，而每个自我都不可避免地镶嵌在特定的历史脉络中，那么所谓的"偏见"就不再是那么令人避之不及的恶名。相反，它变身为理解之旅的起点，一把打开智慧之门的钥匙。伽达默尔并没有全盘否定笛卡儿所提出的主客二分的理念。这一理念在自然科学领域中，的确有其存在的合理性与价值。以

◇ 马克斯·奥本海默《乐团》

>>> 音乐触动内心,二者合一而形成当下的感受。

探索大海为例，那片辽阔的蓝色领域，历经千年的风霜洗礼，依旧保持着其原始的姿态，变化甚微。因此，我们可以将其视为一个稳定而纯粹的客体，进行深入的研究。在这种情境下，笛卡儿的主客二分法为我们提供了明晰的研究框架，其益处不言而喻。

然而，当我们跨越到人文科学的疆域，情况便发生了翻天覆地的变化。人文科学的研究核心，是那些流传千年的文化遗产，它们如同鲜活的生命体，不断地在历史的长河中演变与成长。因此，我们无法像研究大海那样，将其视为孤立的、静止的客体。这也正是人文科学的客观性时常受到外界质疑的原因。但值得注意的是，这种质疑往往源自自然科学的研究视角。人文科学的真理，并非那种纯粹客观的真理，它有着自己独特的属性和追求。人文科学的真理，是理解的真理，是一种心灵的交融与碰撞。而这场理解的旅程，恰恰是从那些被自然科学所排斥的"偏见"中启航的。伽达默尔深谙此道，他的思绪穿越时空，回到了古希腊哲学的殿堂。在那里，他目睹了苏格拉底与其门徒间的对话与辩论，那种从对方的偏见出发，逐步引导出

◇ 莫奈《海洋》

>>> 主客二分，更适用于自然科学的研究。

璀璨真理的过程，令他深感震撼。这正是苏格拉底所倡导的"助产术"，一种以问答的方式，激发对方思考，进而探寻真理的方法。

伽达默尔从苏格拉底的思想中汲取了灵感，他意识到，偏见并非障碍，反而是通往理解与共识的桥梁。它不仅是我们无法回避的存在，更是推动理解进程的重要力量。在这个意义上，那些曾被视为误解的"偏见"，实则蕴含着新的意义与可能性。它们是意义在新的情境中的绽放，是通往正见的必由之路。换言之，没有偏见，也就不可能有正见的存在。这一理念与佛教中的"烦恼即菩提"有着异曲同工之妙。在佛教的哲学体系中，烦恼与菩提并非水火不容的对立面。相反，烦恼是通往菩提的必经之路，我们不应将其视为障碍而急于清除，而应将其视为一条必经之路，勇敢地去经历与体验。同样地，"偏见"在伽达默尔的哲学诠释学中，也占据着举足轻重的地位。它被视为达到"正见"的必经之路，被赋予了深刻的意义与价值。伽达默尔将其称为理解的起点——"前理解"。这一概念不仅为我们提供了一种全新的理解视角，更为我们揭示了"偏见"

在理解过程中的重要作用与地位。

二、"前理解"之于真理的意义

德国哲学家海德格尔，以他对"存在"与"存在者"的独到见解，颠覆了我们对真理的固有认知。他敏锐地指出，西方哲学在探讨"存在"的议题时，实际上更多的是在剖析"存在者"，这一微妙的偏移，却无意中掩盖了对"存在"本质的追寻。想象一下，我们试图捕捉那飘忽不定的"存在"，但每次当我们伸出手去，它都似乎化为一缕青烟，从我们的指缝间溜走。因为"存在"一旦被我们用语言定义，它便立刻凝固成了"存在者"，就像一个鲜活的生命被制成了标本，虽然形态依旧，却失去了生命的气息。所有对"存在"的定义，仿佛是一座座牢笼，将原本自由飘逸的"存在"囚禁其中。

环顾四周，我们所见的一切，无不是"存在者"的显现。那些高楼大厦、山川河流、飞禽走兽，甚至是我们自己，都是"存在"的某种具体形态。但如果我们按照西方

◇ 乔万尼·巴蒂斯塔·提埃波罗《哲学家之首》

>>> 哲学家的众说纷纭,恰恰是从各个角度阐述真理。

哲学传统的思路，试图从这些纷繁复杂的现象背后，寻找一个恒定不变、至高无上的本原，那么我们可能会陷入一场无尽的追寻，最终却发现所寻的或许只是镜中花、水中月。那么，如何才能真正触及"存在"的本质呢？海德格尔提出了一个独特的视角：既然所有的"存在"都是通过"存在者"来显现的，那么我们不妨从"存在者"入手，去寻找那隐藏在背后的"存在"。而在所有的"存在者"中，唯有一种特殊的存在者具备反思和追问"存在"的能力，那就是"人"。

海德格尔创造性地将人称为"此在"，这个词语简洁而富有深意，它意味着"存在于此"，即人的存在使得"存在"得以显现。在这里，人成为一个独特的窗口，就像是三棱镜一样，当阳光（即"存在"）穿过这个窗口时，便会被折射出五彩斑斓的色彩。这些色彩并非阳光本身，而是阳光通过三棱镜（即人）的解读和呈现。这个比喻巧妙地揭示了人与"存在"之间的微妙关系。人不仅是"存在"的观察者，更是"存在"的诠释者和创造者。我们通过自己的感知、思考和行动，不断地赋予"存在"以新的意义和价值,就像三棱镜将阳光折射出不同的色彩一样。

海德格尔的这一思想,完成了真理观的本体论转向。他不再纠结于探求那虚无缥缈的"存在"本身,而是将目光转向了更具现实意义的"此在"——人。他提出,要真正理解"存在",就必须深入研究人本身,探索人究竟是如何存在的。这种以人为本的哲学观念,为我们打开了一扇通向真理的新窗户。举例来说,当我们站在海边,感受着海风拂面,听着海浪拍岸的声音,我们实际上是在通过自己的感官和心灵去解读和体验"海洋"这一存在者。海洋本身并没有情感和意义,但当我们用心去感受它时,它便成为我们生命中的一部分,与我们的情感和记忆紧密相连。这就是海德格尔所说的"此在"的力量,它能够将无生命的"存在者"转化为充满意义的"存在"。

在海德格尔的哲学思考中,人的本质被深刻地揭示为一种"被抛"状态。这种"被抛"并非字面意义上的抛弃,而是一种存在论的描述,指的是人被抛入世界这个先在的事实。这一观点独到而深刻,它颠覆了我们对于人的本质的传统认知,引导我们从一个全新的视角去审视和理解人

◇ 塞尚《从埃斯塔克看马赛湾》

>>> 所谓"真理",是从万事万物来显现的。

与世界的关系。人的"被抛"状态,实际上是人被置于一个广阔而复杂的环境中的初始状态。这个环境不仅包括了自然的物理环境,更涵盖了社会、文化、历史等多重维度。从这个意义上讲,人是从属于这个被抛入的环境状态的,我们的存在、思考和行动都不可避免地受到这个环境的影响和塑造。

进一步来说,这个被抛入的环境实际上"构成"了人本身。如果将这个环境剥离,那么人的存在也将随之解体。这是因为,人的自我意识和认知是在与环境的互动中逐渐形成的。我们的观念、价值观、行为方式等,都是在对环境的感知、理解和回应中逐渐塑造和定格的。这种"被抛"的状态,也被海德格尔看作真理的"存在"开始展开的起点。这里的真理,并非传统意义上客观存在的、绝对的真理,而是指人的生存过程中不断展开和显现的真理。这种真理的展开过程,实际上就是人的生存过程。在这个过程中,人不断地与环境进行互动,通过理解和回应环境来展开自己的存在和真理。

那么,真理是如何通过人来展开的呢?这就涉及人的

"理解"。在海德格尔看来，人的"理解"是最基础的存在状态。人因为理解而将自己展开，这个过程也是真理的展开过程。换句话说，人是通过理解去存在的。这种理解不仅是对外部环境的理解，更是对自我、对他人、对世界的深入理解。通过这种理解，人不断地塑造和丰富自己的存在，同时也让真理在生存过程中得以显现。海德格尔的这一思想，实际上完成了一个真理观的本体论转向，也就是"此在诠释学"。在这个转向中，被抛的状态赋予了理解以特殊的结构，即"理解的前结构"。这种前结构包括了前有、前见与前把握三个要素。

"前有"就是人在生成自我意识与自我反思之前的被抛入的世界。这个世界是一个预先进入人的整体，它并不是因为人的反思而形成，而是整体世界在先，规定着并且"组成"一个人。有了这个预先的整体，人之为人才能开始去理解。换句话说，前有相当于理解的工具，它为我们提供一个理解和解读世界的框架和视角。"前见"则是预先给予我们的那个世界整体带给我们的固有看法。人总是以预先理解的整体为起点去理解新的事物。比如，我们一般住的房子都有窗户和门，这个经验给予了我们关于房子的整体概念。当我们去面对一个没有窗户和门的房子时，我们依然会去寻找门和窗，因为我们的脑中已经在先地有了关于房子的概念。这就是前有带给我们的前见，它影响着我们对新事物的理解和认知。"前把握"则是我们用前见开始去理解新事物，用前见去把握新事物。在这个过程中，我们不仅是在理解和把握新事物，更是在不断地塑造和丰富自己的存在和真理。通过这种前把握，我们得以在生存过程中不断地展开和显现真理。

总的来说，海德格尔的哲学思考为我们提供了一种全新的视角去审视和理解人的本质、存在与真理的关系。通过深入探究人的"被抛"状态以及理解的前结构，我们得以更深入地理解人的存在过程和真理的展开过程。这不仅有助于我们深化对人与世界关系的认识，更有助于我们在生存过程中不断地追寻和显现真理。

伽达默尔在海德格尔的理解前结构学说的基础上，进一步深入探讨了理解的本质。他认为，海德格尔所提出的理解的前结构，实际上是理解得以产生的必要条件，他更倾向于将其称为"前理解"。为了更好地探究这一理念，伽达默尔将理解问题单独拎出来进行了深入的研究，这一举动极具开创性，不仅提升了诠释学的地位，使其从一种具体的学问方法，升华到了具有普遍意义的哲学高度，更开创了哲学诠释学这一独特的研究传统。在伽达默尔的理论中，"前理解"与"理解的历史性"紧密相连。他提出，由于历史的疏远化作用，文本的读者和作者往往处于不同的历史情境中。这种情境的差异，使得读者在阅读文本时，会不自觉地将自己的历史性融入理解过程中。换句话说，每个人的历史性都像一副有色眼镜，影响着我们对文本的解读。举个生动的例子，假设我们现在正在阅读一部古老的史诗，这部史诗描述了一场英勇的战争。作为现代读者，我们可能会关注战争中的人道主义问题，比如战争对平民的影响、战士的心理压力等。然而，对于史诗的作者来说，他可能更加关注战争的荣耀、英雄的壮举等方面。这种差异，正是由于我们和作者处于不同的历史背景下所产生的。

　　伽达默尔强调，人的历史性不仅影响着我们对文本的理解，更深刻地塑造了我们的认知框架。人，作为历史的产物，其存在本身就具有历史性的烙印。我们无法跳出自己的历史处境，去纯粹地审视研究对象。这种历史性的束缚，或许正是我们作为人类的局限性所在。历史性主要包括四个层面。首先，所有属于人的理解范围的事物，都是在某一特定历史时间内被理解的。这意味着，任何先验或永恒的因素，在人的理解过程中都应当被排除在外。这一点与伽达默尔的观点不谋而合，都强调了历史性在理解中的核心地位。其次，人的存在具有有限性的特征，即不完满性。这种不完满性贯穿于我们的时间性或历时性之中。有趣的是，这种不完满性反而为人的发展提供了三种可能：变化、延续和进一步的不完满。这里的不完满，并非贬义，而是指人类永远在追求完满的过程中，不断地变化、发展和进步。这种不完满的特征，或许是我们至今还不愿公开承认的历史性之一。再次，人不可能做出超越历史的理解，强调了历史性对理解的限制作用。我们无法超越自己的历史背景去全面、客观地理解事物。这就像是我们身处一个巨大的历史旋涡之中，无法挣脱其束缚。最后，历史并不是过去某一个点上的静观对象，而是一个不断展开的过程，连接着现在与未来。这一点极具洞察力,它揭示了历史性的动态特征。历史并不是一成不变的,而是在不断地发展中与现在和未来紧密相连。

在理解的过程中,历史性表现为过去、现在和未来三个时间的交织。没有过去的传承,就没有我们现在作为"前理解"的视角;而没有现在的视角,也就无法打开对未来的探索之门。由此可见,历史性对于理解结构本身的重要性不言而喻。总的来说,伽达默尔的学说深刻地揭示了历史性在理解中的核心地位。他通过不同的角度和层面,对历史性进行了全面而深入的剖析。这一理论不仅为我们提供了一种全新的理解视角,更让我们意识到历史性在人类认知中的重要作用。在未来的研究中,我们有必要进一步探讨历史性如何影响我们的思维方式、价值观念以及社会发展等方面,以期获得更为深刻的认识和启示。

这些关于理解历史性的深入论述,向我们揭示了一个令人耳目一新的观点:"前理解"并非我们通往真理路上的绊脚石,反而,它像是一股内在涌动的力量,不仅是我们理解的起点,更因其自身的有限性和不完满性,赋予了我们创造新知识的可能。想象一下，"前理解"就如同一面半透明的窗帘，它虽然在一定程度上遮蔽了我们的视线，但同时也为我们滤过了刺眼的阳光，使我们得以更舒适地观察外面的世界。这种遮蔽与解蔽的辩证法，让"前理解"自身就具备了一种推动我们不断向前的力量。它看似阻挡了我们直接触摸真理，但实际上，它正是指引我们走向真理的那盏明灯，不断为我们揭示新的真理面貌。伽达默尔的哲学诠释学，致力于探寻"理解的真理"。他追溯古希腊的真理观，即"aletheia"，其原意便是去蔽、展现与揭示。在这里，真理的本质就如同一扇缓缓打开的门，引领我们走向更广阔的世界。历史，在这个视角下，不再是一个尘封在过去、供我们客观静观的陈旧物件。相反，它是一个充满活力的过程，与我们的"前理解"紧密相连。

同样地，"前理解"也不是一个孤立、封闭的系统。它如同一条河流，既承载着过去的记忆，又向着未来奔涌而去。伽达默尔认为，理解首先是对事物的深入把握，然后才是对他人观点的分辨与理解。在这个过程中，"前理解"扮演着至关重要的角色。它像是一把钥匙，为我们开启统

◇ 沃尔特·邦纳·加什《新书》

>>> 从这幅作品里,你戴着的"有色眼镜"中,看到的是什么呢?

一意义的大门。也就是说,真理的展开必然是从"前理解"这个起点开始,然后向未来无限延伸。我们可以将"前理解"比作一个三棱镜,而真理则是穿过这个三棱镜的阳光。阳光经过三棱镜的折射,呈现出五彩斑斓的色彩。同样地,真理在经过"前理解"的解读后,也会展现出丰富多彩的面貌。不经过"前理解"的洗礼,真理就像是一束枯萎的花,失去了生机与活力。然而,我们也不能过分强调"前理解"的决定性作用,以免陷入相对主义的泥潭。诠释学作为哲学的一个分支,必然具有普遍性与客观性的一面。伽达默尔的"理解的真理"正是为了打破相对主义与主观主义的束缚,同时也超越历史的客观主义。

那么,如何在"前理解"与真理之间找到一种平衡呢?这就需要引入伽达默尔哲学诠释学的另一个重要理论——"视域融合"。想象一下,当我们站在山顶俯瞰整个山谷时,我们的视野是开阔而全面的。但当我们走入山谷中,我们的视野就变得局限了。这时,如果我们想要更全面地了解山谷的全貌,就需要不断地移动位置、变换角度进行观察。这就是"视域融合"的过程。在理解的过程中,我们需要将不同的"前理解"进行融合，从而形成一个更全面、更深入的真理认知。举个例子，假设我们正在研究一部古老的文学作品。每个读者都带着自己的"前理解"来解读这部作品，有的人可能看到了人性的挣扎与救赎，有的人可能看到了社会的黑暗与不公。但是，当我们将这些不同的解读进行"视域融合"时，我们就能更全面地理解这部作品所蕴含的深刻意义。总的来说，"前理解"不仅是我们理解的起点和动力源泉，更是我们创造新知识和揭示真理的重要工具。通过"视域融合"，我们能够超越个人的局限性，更全面地把握真理的本质。这正是伽达默尔哲学诠释学带给我们的深刻启示。在这个不断变化的世界中，让我们带着这份启示去探索更多的真理吧！

◇ 瓦西里·波列诺夫《梦想》

>>> 爬山的过程,就是"去蔽"的过程,是融合的过程。

第六章

"视域融合"使真理成形

一、非科学真理的"关系"结构
二、非科学真理即"视域融合"的真理
三、"视域融合"真理的合法性

一、非科学真理的"关系"结构

伽达默尔大胆地为"偏见"正名,他坚持认为"前理解"并非我们应当摒弃的障碍,反而是理解活动得以顺利进行的必要条件。这一观点,实则是他对自然科学研究方法在人文科学领域的过度渗透所做出的深刻反思。想象一下,当我们站在一座宏伟的山峰前,我们的视角、经验和预期都会影响我们对这座山的理解。这就是伽达默尔所说的"前理解",它如同我们观赏山峰时戴上的有色眼镜,虽然会为我们的观察带来一定的色彩,但同时也让我们能够更深入地理解和感受眼前的景象。

人们对真理的追求,长久以来受到自然科学研究方法的深刻影响。在许多人的心目中,真理被描绘成一种唯一、固定且可以通过特定方法获得的"终极根据"。然而,这种观念已与真理的原始意义背道而驰。在古希腊,真理被视为一种"敞开"的状态,它包容多样性和变化,而非如今这种狭隘的、主客二分的定义。当然，我们不能否认主客二分的真理观在自然科学领域的适用性。这是因为自然科学的研究对象，至少在目前的认知范围内，是基本不受人类主观意识影响的客观存在。以山为例，它作为大自然的产物，不受我们思想的左右。无论古人还是今人，无论东方还是西方，山都作为一个稳定的、客观的研究对象呈现在我们面前。因此，在自然科学领域，我们可以借助一系列方法来探索和验证主客二分的客观真理。

但当我们从哲学的角度来审视这一问题时，便会发现触及研究对象的过程其实质可以归结为对真理的探寻，更进一步说，是对真理标准的探讨。这就好比我们在攀登山峰时，需要明确的目标和路线，否则我们可能会在茫茫山林中迷失方向。同样地，在学术研究中，只有明确了真理的标准，我们才能清晰地知道我们的目标是什么，否则我们可能会在知识的海洋中迷失自我。伽达默尔的这一观点不仅仅是对自然科学方法的反思，更是对人文科学研究方法的一种探索和创新。他鼓励我们在理解事物时保持开放的心态，接纳并珍视我们的"前理解"，而不是一味地追求所谓的客观真理。因为在这个世界上，没有绝对的客观，只有相对的理解。此外，伽达默尔的思想也提醒我们，在追求真理的道路上，我们应该更加注重过程而非结果。因为真理并不是一成不变的，而是在不断的探索和理解中逐渐显现的。正如我们在攀登山峰的过程中所经历的风景和挑战一样，每一步都充满了未知和可能。伽达默尔为"偏见"正名的观点不仅挑战了传统的真理观念，还为我们提供了一种全新的视角来看待和理解世界。在这个充满变化和不确定性的时代里，我们需要更加开放和包容的心态来面对不同的观点和理解方式。只有这样，我们才能在追求真理的道路上走得更远、更坚定。

当我们深入探讨自然科学与精神科学的区别时，不得不提的是它们各自追求的真理属性。自然科学以客观真理为基石，通过实验和观察来验证假设，寻求的是恒定不变的规律。然而，精神科学，这一涵盖文学、历史、宗教等领域的学科，其真理属性却显得截然不同。以历史研究为例，这一学科最为显著的特点便是"时移世易"。与自然科学中相对恒定与客观的研究对象不同，历史研究的对象总是处于不断的变化之中。这是因为历史本身就是人的精神创造物，它记录着人类的成长、变迁和思考。因此，当我们研究历史时，实际上是在审视人的特点，尤其是理解的历史性。想象一下，一个历史学家试图跳出自己所处的历史境域，去"纯粹"地静观某一段历史。这无异于要求他抛弃自己的主观认知，完全置身于那个特定的历史时刻。然而，这是不可能的。因为人无法摆脱自己的历史背景和认知框架，去完全还原一个处于历史某点的事件或文本。这种尝试往往会导致对真理问题的理解偏差。伽达默尔曾形象地比喻这种寻找方式为寻找"幽灵"。这就像是在黑夜中盲目地摸索，试图抓住一个根本不存在的影子。最终，这种努力只会让人无所适从，甚至走向相对主义的极端。

　　为了更好地理解这一点，我们可以回顾一下历史上著名的"历史主义"与"客观主义"之争。历史主义者认为，每一个历史事件都是独一无二的，必须在其特定的历史背景下去理解。而客观主义者则坚持认为，存在一种超越历史的客观真理，可以通过科学的方法去揭示。然而，这场争论最终并没有得出明确的结论，反而进一步凸显了理解

◇ 古斯塔夫·莫罗《幽灵》

>>> 本不存在的东西,你能抓住吗?

历史性的复杂性。事实上，试图克服自身的历史境域去还原历史事件或文本的做法，恰恰消解了我们一开始所要追求的客观性。因为当我们深入探究历史时，会发现每一个历史事件都是由无数的主观认知和客观事实交织而成的。我们无法将其中的主观成分完全剥离出来，只能尽力去接近那个已经消逝的历史真实。因此，在精神科学领域，我们需要更加谨慎地对待真理问题。我们不能像自然科学那样追求绝对的客观真理，而应该注重理解的历史性，尊重每一个历史事件和文本的独特性。只有这样，我们才能更好地把握精神科学的真谛，避免走向虚无主义的极端。

精神科学，或者更具体地说，人文科学，既然是属于人的创造物，对其研究对象的理解与把握自然离不开人的理解结构。这就像我们在日常生活中处理人际关系时，经常需要换位思考来理解他人的感受和需求。想象一下，你在工作中遇到了一个问题，需要和一个同事沟通解决。然而，你们之间的沟通并不顺畅，彼此都无法理解对方的立场和需求。这时，有人建议你尝试换位思考，站在同事的角度去考虑问题。你开始想象自己处于同事的位置，思考他会如何处理这个问题，他的顾虑是什么，他的期望又是什么。通过这种换位思考，你逐渐理解了同事的想法，问题也随之迎刃而解。这个生动的案例恰恰说明了精神科学中的一个核心问题：理解他人需要从自己开始。也就是说，理解自己是达到对方的一个不可或缺的要素。当我们试图理解他人时，我们实际上是在用自己的经验和知识去解读对方的行为和想法。这就像是在镜子中看到自己的反射，我们通过自己的理解来映射出对方的世界。这种理解的过程并不仅仅局限于日常生活中的交往。在研究处于历史中的某个事件或者某个文本这样的精神科学的对象时，同样需要运用换位思考的方法。比如，历史学家在研究某个历史时期的事件时，需要尽力还原当时的社会背景、文化氛围和人们的心理状态。他们需要通过各种历史资料来揣摩当时人们的想法和行为，从而更准确地理解那个时代的精神风貌。

就像在生活中处理"我"理解"你"的情况一样，历史学家在研究历史事件时也需要进行类似的换位思考。他们需要从自己的角度出发，去理解那个时代的人们为何会

◇ 诺曼·洛克威尔《对镜女孩》

\>>> 理解对方，从理解自己开始。

做出那样的选择和决策。这种理解的过程既是对历史的探究，也是对人性的洞察。当然，这只是理解的开始，是构成精神科学真理的要素之一。要真正达到换位思考的境界，还需要不断地学习和实践，积累更多的经验和知识。因为人的内心世界是复杂而多变的，每个人都有自己独特的经历和感受。只有当我们能够深入了解自己，才能更好地理解他人，进而把握精神科学的真谛。此外，我们还可以从文学作品中汲取灵感，通过阅读和品味不同人物的故事和情感，来提升自己的理解能力和共情能力。比如，在阅读一部小说时，我们可以尝试将自己置身于故事中的人物之中，感受他们的喜怒哀乐，体会他们的挣扎和追求。这种沉浸式的阅读体验不仅能够帮助我们更好地理解作品本身，还能够拓宽我们的视野和心灵空间。

总之，精神科学或者人文科学的研究离不开人的理解结构问题。通过换位思考的方法，我们可以更好地理解他人和自己，进而探究历史的真相和人性的奥秘。在这个过程中，我们不仅可以获得知识上的满足，更能够在心灵深处找到共鸣和启迪。既然理解对方要从自我开始，那就需要深入了解是什么构成了"我"。这一点,我们之前已经探讨过,那就是"前理解"。我们的理解,正是从"前理解"这个起点出发的。为何"前理解"会存在呢?这源于人的"被抛"本质。想象一下,我们每个人都是被抛入历史长河中的一个节点,这个节点构成了我们自身的一部分,而这个节点又与我们所处的"传统"紧密相连。就好像是一滴水被抛入了湍急的河流中,它成为河流的一部分,随着河流的流动而前行。这里的"传统",并非一个可以静观的对象,而是与我们息息相关的存在。举个例子,春节是中国人的传统佳节,每到这个时候,家家户户都会张灯结彩、放鞭炮、吃团圆饭。这些习俗并不是我们可以随意选择的,而是被传统所规定,成为我们文化基因的一部分。当我们身处异国他乡,春节的鞭炮声响起时,那种亲切感和归属感便油然而生,这就是"传统"对我们的深刻影响。

人是历史的存在,这一本质决定了我们无法将自己从历史和传统中剥离出来,去静观整个人类的文明,或者去客观地评判某个历史节点在整个人类历史中的位置。这就像是一个身处旋涡中的人,无法看清旋涡的全貌,只能随

◇ 古斯塔夫·洛伊索《夏天的河流》

>>> "传统"如同一条河流,承上启下,连绵不断。

着旋涡的旋转而不断前行。正因为人是历史的存在，我们对于自身的认识也永远处于未完成的状态。这就好比是一个永无止境的探险之旅，我们在旅途中不断发现新的风景、新的挑战和新的自我。既然认识是未完成的，那么精神科学的真理标准也就不是客观唯一的，而是在不断探索和形成中的。举个例子，在心理学领域，关于人类行为的理论和观点层出不穷。从弗洛伊德的精神分析到马斯洛的需求层次理论，再到现代的认知行为疗法等，每一种理论都是对人性的一种解读和探索。这些理论并不是绝对正确的，而是随着时代的变迁和研究的深入而不断发展变化的。这正是精神科学真理标准不断形成的生动体现。再比如，在历史学领域，对于历史事件的解读也是多种多样的。以拿破仑战争为例，有的史学家认为这是一场侵略战争，给欧洲各国带来了深重的灾难；而有的史学家则认为这是一场伟大的统一战争，有助于推动欧洲一体化进程。这些不同的解读并不是非此即彼的关系，而是相互补充、相互印证的。它们共同构成了我们对历史事件全面而深入的理解。人是历史的存在这一本质决定了我们对于自身的认识是永远未完成的。精神科学的真理标准也就不是客观唯一的，而是无尽地去形成。在这个过程中我们需要保持开放的心态，不断探索和学习，以便更好地认识自己和这个世界。同时我们也要珍视传统和历史的力量，它们是我们成长的土壤和根基。只有深入了解和接纳自己的历史和传统，我们才能更好地面向未来，创造更加美好的人生。

在漫长的人类历史长河中，我们每个人都是一滴水，汇聚成这条川流不息的河流。这条河流，我们称之为"传统"。它承载着过去，流经现在，奔向未来。而精神科学，作为探索人类心灵与创造的学科，其研究对象恰恰就是这条河流中闪烁的点点光芒——人的创造物。想象一下，你站在一座古老的图书馆里，四周弥漫着历史的气息。你随手翻开一本书，那里面的文字、思想，都是某个时代的人们留下的印记。这些印记，就是他们与我们所处的"传统"长河中的某个交汇点。我们通过阅读、理解这些文字，实际上就是在与那个时代的人们进行一场跨越时空的对话。这种对话，并不是简单的信息交换，而是一种深刻的理解与体验。因为当我们试图去理解某个历史节点时，我们

◇ 雅克·路易·大卫《拿破仑越过圣贝尔纳山》

>>> 对"拿破仑"的不同理解,形成了历史的全貌。

实际上是在用自己的经验、知识去解读它。这种解读,既是对历史的重现,也是对历史的再创造。伽达默尔称之为"效果历史意识"。换句话说,我们所理解的历史,并不是一种客观的存在,而是一种主观与客观相交融的"效果历史"。这种"效果历史"观念,对于精神科学来说具有深远的意义。它告诉我们,精神科学的研究对象并不是孤立的、静止的"对象",而是处于不断变化、发展中的"关系"。这种关系,既包括人与历史的关系,也包括人与他者的关系。在这些关系中,历史的实在性与历史理解的实在性得以同时存现。

为了进一步阐明这一点,我们可以举一个生动的例子。假设你是一位艺术家,正在创作一幅关于古代战争的油画。在创作过程中,你不仅会深入研究那个时代的历史背景、战争情况,还会试图去理解那个时代的人们的心灵世界。你的作品,既是对那个时代的重现,也是你对那个时代的理解与感受的表达。当观众欣赏你的作品时,他们实际上也是在与你、与那个时代的人们进行一场跨越时空的对话。在这场对话中,观众所体验到的并不仅仅是画面的美感，更是一种深刻的历史意识与文化共鸣。这种共鸣，就是精神科学所要追求的研究目标之一。它揭示了人的理解结构的本质：我们总是在自己的经验、知识的基础上去理解世界，而这种理解又总是处于不断的变化与发展中。

因此，我们可以说，精神科学的研究对象是一种动态的、关系性的存在。它要求我们不仅要关注历史的实在性，还要关注历史理解的实在性。只有这样，我们才能更深入地探索人类的心灵世界与创造力量，揭示出精神科学的真理观。

二、非科学真理即"视域融合"的真理

在哲学领域中，"视域"这一概念最初由尼采与胡塞尔引入，用以描绘思维如何受到其内在规定性的限制，并揭示了视野范围扩展的本质规律。想象我们站在广袤的原野之上，目光所及之处，天地似乎交汇于一点，形成了一个自然的边界。这个边界，就如同伽达默尔所比喻的"地平线"，既是我们视野的极限，也是"视域"的生动体现。在

◇ 欧仁·德拉克洛瓦《自由引导人民》

>>> 人文科学的真理，是动态的，自由的。

这里,"视域"不仅是一个抽象的哲学概念,它更是我们每个人在认知世界时所面临的实际情况。当我们尝试去观察、理解周围的事物时,总会受到自身经验、知识背景以及所处环境的制约。这就好比是站在那宽阔的地界上,无论我们的视力多么出众,也无法穿透那看似天地相连的尽头,窥见更广阔的世界。

那么,在精神科学的领域中,"视域"又扮演着怎样的角色呢?我们知道,精神科学的真理并非孤立存在,而是一种"关系"的体现,是自他统一的结果。这种关系在人的意识内部得以反映,形成了伽达默尔所谓的"效果历史意识"。简言之,精神科学的真理在结构上表现为一种相互关系,在表现上则呈现出一种"效果"。为了更直观地理解这一点,不妨以药物治疗为例。当我们在生活中询问"你吃这个药,看看效果怎么样"时,我们实际上是在期待药物与身体之间产生一种相互作用,从而达到预期的治疗效果。这种由对立到融合的过程,正是"效果"产生的关键所在。同样地,在精神科学的研究中,"效果历史意识"也反映在对研究对象的理解上,以及对精神科学真理的呈现上。这就是"视域融合"的核心理念。它意味着,在探索精神科学的真理时,我们需要将不同的"视域"进行融合,从而形成一个更全面、更深刻的认知。举个例子,在心理学领域,研究者可能会从多个角度来探讨人类的行为和心理机制。有的学者可能侧重于生物学基础,有的则可能关注社会文化因素的影响。这些不同的研究视角,就构成了各自的"视域"。而通过"视域融合",我们可以将这些不同的见解和理论整合起来,形成一个更加全面、深入的理解。

在这个过程中,我们不仅要关注每个"视域"内部的逻辑和自洽性,更要关注它们之间的相互作用和影响。因为精神科学的真理并非孤立存在,而是在各种因素的交织中得以显现。只有通过"视域融合",我们才能真正把握精神科学的本质和规律。"视域"与"视域融合"为我们探索精神科学真理提供了新的维度和视角。它们不仅帮助我们认识到认知的局限性,更激发了我们不断拓宽视野、深化理解的渴望。在未来的研究中,让我们携手共进,通过"视域融合"的方式,揭示精神科学的更多奥秘。

伽达默尔曾将"视域"巧妙地比作地平线，这一比喻不仅形象生动，更蕴含着深刻的哲学思考。想象一下，当我们站在广袤的原野上，目光所及之处，天地交汇成一条线，那就是地平线。随着我们的脚步向前移动，这条线似乎也在不断地后退、拓展，引领我们探索更广阔的天地。这一变化的过程，恰如伽达默尔所言的"视域融合"。每一次我们迈出脚步，都是一次视域的拓展，也是一次对精神科学研究对象的深入探索。而每一次的视域融合，不仅标志着我们认知的深化，更是一次精神科学真理的揭示。举个例子，早期的心理学家可能只关注个体的内心世界，但随着时间的推移和研究的深入，他们开始将视野拓展到社会环境、文化背景对个体心理的影响。这一转变，就是一次典型的视域融合，它让我们对心理学的理解更加全面和深入。然而，精神科学的真理并非一成不变，它是一个永无止境的探索过程。每一次的视域融合，都只是真理长河中的一滴水，汇聚成流，奔向无尽的海洋。这正是精神科学真理的魅力所在，它不是一成不变的教条，而是随着我们的认知不断拓展和深化的过程。

◇ 达吉雅娜·扎维娅洛娃·卡什科弗斯卡娅《芬兰的地平线》

>>> 人的认识,就是不断推向那个遥不可及的"地平线"的过程。

从这个角度来看，精神科学的真理其实就是"历史的真理"。它不像自然科学那样追求普遍性和永恒性，而是深深扎根于历史的长河中，随着时代的变迁而不断发展。人的历史性、理解的历史性以及真理的历史性在这里交融在一起，共同构成了精神科学真理的独特面貌。我们可以进一步思考，自然科学的真理更像是纵向的展开，它追求的是深度和精确性，从微观粒子到宏观宇宙，科学家们不断探索着自然界的奥秘。而精神科学的真理则是横向的延伸，它关注的是人类社会的多样性、复杂性和历史性，从个体的内心世界到社会文化现象，都是其研究的范畴。在这个过程中，"视域融合"成为我们探索精神科学真理的重要工具。它提醒我们，真理并不是一成不变的，而是随着我们的认知和历史的演进而不断发展。每一次的视域融合，都是我们向真理迈进的一小步，也是人类精神文化传承和发展的一大步。因此，让我们怀着敬畏和好奇的心情，继续这场无限的探索之旅。在每一次的视域融合中，感受精神科学真理的魅力和深邃，也为人类文明的进步贡献我们的智慧和力量。

在人类文明的浩瀚海洋中，历史传承物如同珍贵的宝藏，承载着先人的智慧与情感。当我们站在现代的角度去审视这些传承物时，实际上是在进行一场跨越时空的对话。这场对话的核心，就是视域融合的真理观。它不仅是我们理解历史的关键，更是连接过去与现在的桥梁。想象一下，你站在一座古老的图书馆中，手里捧着一本泛黄的古籍。这本书不仅仅是一堆文字的堆砌，它更是一个时代的缩影，一个民族的文化记忆。你开始翻阅这本书，试图理解其中的深意。在这个过程中，你实际上是在与这本书的原作者进行一场精神上的交流。你的视域与作者的视域开始慢慢融合，共同揭示出一个更加深邃的真理。这种视域融合的真理观，在具体应用中表现为人对历史传承物的诠释。这种诠释不仅仅是表面的文字解读，更是一种深入骨髓的精神体验。通过诠释，我们能够触摸到历史传承物的灵魂，感受到其中蕴含的真理。这种真理的呈现，就是视域融合的结果。

诠释学研究的是人对某历史文本的理解，也就是人与原文之间的关系问题。这里所说的原文，并不仅限于文字

◇ 鲁道夫·冯阿尔特《杜巴宫图书馆》

>>> 读书，就是与原作者"视域融合"的过程。

性质的历史文本。它还可以是某种异质的文化、艺术品、哲学等源自人类精神的产物。当我们面对这些原文时，我们实际上是在面对一个个独立而丰富的精神世界。伽达默尔将诠释学上升到哲学的高度，就是在这个意义上寻求精神科学的真理普遍性。他认为，我们与我们所要理解的处于历史某节点之上的"原文"，都是隶属于历史传统的长河之中。这条长河并不是自顾自地靠某种神秘的力量延续下去，而是通过一代代人的选择而不断地延续与展开。在这里，我们与原文之间有一种特殊的关系：既熟悉又陌生。熟悉性在于，历史传统的长河将过去与现在勾连成为一个意义的统一体，并且面向未来不断地延伸。这就使得处于历史某节点的原文与作为理解者的我们有了一种共时性的意义。换句话说，原文并不是关于已经过去的事物的陈述，而是针对现在来说话。

然而，原文对我们来说又并非完全熟悉。它仍然有一种陌生性在，这种陌生性保证了原文的原始视域要素，避免了理解的相对主义。同时，熟悉性的一面给予了理解者本身所具有的历史视域以合法性，避免了由于原文的完全陌生而造成的意义的虚无性。举一个生动的例子，假设我们面对的是一幅古老的画作。这幅画作描绘了一个古老的场景，其中的人物、服饰、建筑都与我们现代生活截然不同。初看之下，我们可能会感到陌生和困惑。但是，当我们深入了解这幅画作的历史背景、作者的创作意图以及当时的社会风貌时，我们就会逐渐理解这幅画作所蕴含的意义。这种理解的过程，就是我们的视域与画作的视域相融合的过程。通过这种融合，我们能够更加深刻地感受到画作所传达的情感和思想。熟悉性与陌生性之间，就是一种解蔽与遮蔽之间的辩证关系。这种关系是作为理解者的历史视域与作为被理解原文视域之间辩证前进的不断融合。这种视域融合的真理一方面克服了作为原文所在的原始历史视域的特殊性，同时也克服了来自解释者历史视域的特殊性。二者的融合上升到一个更高的普遍性那里，这就是视域融合真理的完成。

在这个过程中，我们不仅是历史的旁观者，更是历史的参与者。我们通过视域融合的方式，与历史传承物进行深度的对话和交流。这种交流不仅让我们更加深刻地理解历史，更让我们在理解的过程中获得新的启示和感悟。这就是视域融合的真理观带给我们的宝贵财富。总的来说，视域融合的真理观是我们理解和诠释历史传承物的关键所在。它让我们能够跨越时空的障碍，与历史和原文进行深度的对话和交流。通过这种对话和交流，我们不仅能够更好地理解历史和原文的意义和价值，更能够在理解的过程中获得新的启示和感悟。这就是视域融合的真理观的魅力和价值所在。

在探索知识的道路上，我们时常面临一个挑战：如何理解那些与我们相隔遥远时间的历史原文？传统观念中，时间间隔往往被视为一道难以逾越的鸿沟，阻隔了我们与古代智慧之间的直接对话。然而，伽达默尔的理论却为我们提供了一种全新的视角，他认为，这个时间差不仅不是障碍，反而成为我们理解历史原文的有益工具。当你站在一座古老的图书馆中，手里捧着一本几个世纪前的古籍。初看之下，那些古老的文字和表达方式似乎与你格格不入，你感到困惑和迷茫。但伽达默尔告诉我们，这个时间间隔，正是历史传统之河将这本古籍带到我们面前的桥梁。它不是一道屏障，而是一条连接过去与现在的纽带。历史原文，如同一位穿越时空的旅者，带着它所处时代的独特印记和视域。当我们试图解读它时，我们不仅仅是在破译文字，更是在与那个时代的智慧进行对话。这个时间间隔，就像是一面镜子，反射出我们自身的前理解和历史视域。

那么，这个过程是如何发生的呢？这就涉及伽达默尔所说的"视域融合"。当我们打开古籍，开始阅读那些古老的文字时，我们的视域与古籍的视域开始交汇。这不仅仅是一种单向的解读，更是一种双向的交流。我们在聆听古籍的声音，同时也在向它诉说我们的理解和感受。这种视域融合的过程，就像是一场跨越时空的谈话。伽达默尔从苏格拉底的谈话辩证法中汲取灵感，将这种谈话结构引入理解过程中。这不仅是提问与回答的简单交流，更是一种深层次的精神对话。在这场对话中，历史原文不再是一个静态的研究对象，而是一个充满生命力的存在。它在时间长河中不断展开自身，向我们展示着不同时代的真理和智慧。为了更形象地说明这个过程，我们可以借用一个有趣的比喻：盲人摸象。想象一下，一群盲人围着一头大象，他们只能通过触摸来感知大象的形状。每个盲人摸到的部分都只是大象的一部分,但他们的感知却都包含着大象的全体信息。同样地,当我们试图理解历史原文时,我们也像是那些盲人,只能通过自己的前理解和历史视域来触摸原文的"部分"。然而,随着我们不断深入地理解和探索,这些"部分"逐渐拼凑出一幅完整的画面,让我们得以窥见原文的全貌。

在这个过程中,时间间隔扮演了至关重要的角色。它不仅仅是连接我们与历史原文的桥梁,更是推动我们不断深入理解的动力。正是因为有了这个时间间隔,我们才能站在一个更广阔的历史背景下审视原文,发现其中蕴含的更深层次的真理和智慧。而这种真理和智慧的发现过程并非一帆风顺的。它需要我们不断地提问、探索和反思,需要我们将自己的视域与历史原文的视域进行反复的融合与碰撞,才能激发出新的思想火花和洞见,这种过程就像是一场精神的冒险之旅,充满了未知和挑战,但同时也充满了惊喜和收获。通过这场冒险之旅,我们不仅能够更深入地理解历史原文的精髓和意义,更能够拓宽自己的视野和

◇ 毕加索《坐着的女子》

>>> 每个人的视角,共同构成了真理的全貌。

思维方式，为未来的探索和创新奠定坚实的基础，这种跨越时空的对话和理解不仅是对历史的尊重，更是对未来的期许和憧憬。

在伽达默尔的理论中，时间间隔不再是理解的障碍，而是我们与历史原文之间沟通的桥梁，它让我们有机会重新审视过去，发现那些被时间掩埋的真理和智慧，同时也让我们更加珍惜现在，以更加开放和包容的心态面对未来的挑战和机遇，因此，让我们拥抱这个时间间隔，用心去聆听那些穿越时空的声音，去感受那些历史原文所蕴含的生命力和智慧。在这场跨越时空的对话中，我们不仅能够更好地理解过去，更能够勇敢地走向未来，创造出更加辉煌的历史篇章。

三、"视域融合"真理的合法性

精神科学的真理，这一引人入胜的概念，其实质在于一种独特的"视域融合"。换言之，当我们试图理解某个历史时期的文本或思想时，我们的理解与原文之间形成了一种视域上的交融。这就像两位艺术家共同创作一幅画作，他们的风格和创意在画布上交织，形成了一种全新的、独一无二的艺术表达。想象一下，一位古文物研究者正在专注地研究一件古老的陶器。这件陶器上绘制着复杂的图案，蕴含着丰富的历史文化信息。然而，这位研究者无法直接穿越到陶器制作的那个时代，去亲眼见证它的诞生和背后的故事。他所能做的，就是通过自己的专业知识、历史背景和审美观念，去解读这件陶器上的每一个细节。在这个过程中，他的视域与陶器的视域发生了融合，形成了一种独特的理解。

这种视域融合不仅仅发生在艺术领域，在精神科学的研究中，理解者对被理解原文的解释，同样是一种视域融合的过程。这就好比一位文学评论家在阅读一部古典文学作品时，他无法直接接触到作者创作时的具体情境和心理状态，但他可以通过文本的语言、情节和人物塑造等元素，去感受和理解作者想要表达的思想和情感。这种理解，既是评论家个人视域与文学作品视域的融合，也是一种真理的追求。然而，这种视域融合的真理并不等同于原文本身的客观存在。原文，那个处于历史某个节点上的真实存在，虽然我们无法直接触及，但却不能否认它在历史中的实际存在。这就像我们无法直接触摸到远古的星空，但却可以通过现代的天文望远镜观测到它们的存在。那么，我们所达到的视域融合的原文理解与曾经确切在历史中存在的原文本身之间的关系又是如何呢？这涉及视域融合真理的本体性与真理合法性的问题。伽达默尔在艺术真理的研究中，为我们提供了有益的启示。他通过深入探讨艺术作品与原型之间的关系，揭示了二者之间互为真理的奥秘。同样地，在精神科学领域，视域融合的理解相对于客观存在的原文也具有真理的合法性。为了进一步阐释这一点，我们可以设想一个历史学家在研究一段历史事件。他通过查阅大量史料、实地考察和逻辑推理等手段，逐渐还原了那个时代的风貌和事件真相。然而，他所得到的理解并不是那个历史事件的客观重现，而是他个人视域与那个时代视域的融合。这种理解既具有独特性，也具有真理性，因为它揭示了那个历史事件在特定历史背景下的真实面貌和意义。精神科学的真理是一种视域融合的真理。它既不是纯粹的主观臆断，也不是简单的客观重现，而是理解者与被理解者之间视域的交融与升华。这种真理的追求过程充满了挑战与魅力，它让我们能够穿越时空的障碍，与过去的历史和文化进行对话与交流。

　　伽达默尔在他的研究中，以绘画为主要研究对象，深入剖析了艺术真理的呈现方式。当然，他的理论同样适用于其他艺术形式，因为无论是音乐、舞蹈还是雕塑，它们揭示真理的方式与绘画大体相同。在传统的艺术观念中，绘画被视为对原型的模仿。这一观点与柏拉图那著名的"模仿说"不谋而合。想象一下，一个画家站在大自然面前，试图用画笔捕捉山水的神韵，或者描绘出人物的生动表情。他的每一笔、每一画，都是在努力地模仿着他眼中的原型。然而，这种艺术理论背后隐藏着一种传统的真理观。它认为真理是客观且唯一的，就像一颗璀璨的明珠，等待着我们去发现、去触及。在这种观念下，真理是固定不变的，可以作为一个客观对象来审视。这就像是在一个漆黑的夜晚，我们手持火把，努力寻找那颗代表真理的明珠。当这种真理观应用到艺术上时，艺术自然就成了达到那个唯一原型的一种方法。在绘画中，这表现为对自然中原型的模仿，或者宗教画中神性的显现。以一幅山水画为例，画家会竭尽全力去模仿自然中的山水，试图通过画笔将那片壮丽的景色呈现在画布上。每一座山、每一条河，都是对原型的致敬和模仿。而在宗教艺术作品中，这种模仿则更多地表现为对神性的显现。宗教艺术作品往往具有象征意义，它们代表着某种神圣的、不可言说的真理。以基督教艺术品为例，一幅描绘耶稣受难的画作，对于信徒来说，它不仅仅是一幅画作，更是一种对信仰的诠释和敬仰。然而，对于没有相关宗教背景知识的人来说，这样的画作可能就像是一个谜团，其深层的意蕴被完全遮蔽在作品之中。

这就像是在一个神秘的森林里迷路，如果没有向导的指引，我们可能永远都无法找到出路。同样地，如果没有相关的知识背景作为指引，那些具有象征意义的宗教艺术作品对我们来说也可能永远都是一个谜。伽达默尔的研究为我们提供了一种全新的视角来看待艺术和真理的关系。他提醒我们，艺术并不仅仅是模仿或象征，它更是一种对

◇ 格列柯《耶稣受难》

>>> 看到此作品,自有神圣涌入心间,此中的神圣感受,是来自主客对立吗?

真理的探索和追求。在这个过程中，艺术家用他们的才华和创造力为我们打开了一扇通往真理的大门。而我们作为观众，也需要用心去感受和理解这些作品背后所蕴含的深意。只有这样，我们才能真正领略到艺术的魅力并触及那个唯一的、不变的真理。其实，我们从日常生活中就能深刻感受到绘画这种艺术作品的独特魅力。想象一下，当你走进一个美术馆，眼前挂着一幅幅世界名画，你是否曾被它们的美丽深深吸引，驻足观赏，流连忘返？这些画作，或许描绘的是遥远的历史场景，或许展现的是异国他乡的风土人情，又或许只是简单的自然风景。但不论画中内容如何，我们总能在欣赏的过程中感受到一种愉悦和满足。而这种愉悦，并不仅仅来源于对画中人物、景物的了解和认识，更多的是来自画作本身所散发出的艺术气息和审美价值。

以凡·高的《星空》为例，这幅画作以其炫目的色彩和旋转的笔触而著称。当我们站在画前，仿佛能感受到夜空中璀璨的星辰在旋转、跳跃，构成了一幅令人陶醉的画卷。即便我们对凡·高的生平、创作背景一无所知，也不妨碍我们被这幅画作深深打动。这正是因为艺术作品本身所具有的本体意义，它不需要任何外在的解释或赋予意义，就能直接触动我们的心灵。当然，这种本体意义并非孤立存在，而是与观赏者紧密相连的。是我们通过观赏的体验，发现了绘画与指示符号和象征物之间的差别。在观赏过程中，我们与画作进行了一种视域上的融合，这种融合使得我们能够切身体会到艺术作品所蕴含的美感和真理。

艺术的真理，实际上就是这种视域融合的真理。它不仅是作品本身所传达的信息或意义，更是观赏者在审美体验中与作品产生共鸣和理解的过程。伽达默尔称这种艺术的真理为"构成物"，意味着艺术的真理是由作品和观赏者共同构建的。再以毕加索的《格尔尼卡》为例，这幅画作描绘了战争带来的痛苦和灾难。当我们站在画前，不仅能感受到画面中人物的痛苦和无助，更能通过视域融合，理解毕加索通过这幅画作所要传达的反战思想。这种理解并非来自对画作背景的了解，而是来自我们与画作在视域上的融合和共鸣。

因此，我们可以说，绘画意义的实现本质上是一种

◇ 凡·高《星空》

>>> 凡·高的"星空",是主客融合的"星空"。

"视域融合的意义"。这种意义不是由作品本身单独决定的,也不是由观赏者主观臆断的,而是在作品与观赏者的相互作用中共同构建的。这种构建过程正是艺术作品的魅力所在,也是我们在欣赏绘画时能够感受到愉悦和满足的原因。既然绘画拥有其独特的本体意义,那么,我们是否可以认为绘画已经超脱了原型的束缚,成为一种与原型截然不同的存在呢?答案并非如此。事实上,绘画的根源在于原型,这一点无疑确立了绘画与原型之间不可分割的纽带。而这种联系,更具体地说,是原型自身的一种展开方式。想象一下,绘画就像是原型向世界敞开的一扇窗。正是这扇窗,让原型得以面向未来,随着时间的流转,不断地释放和展开其内在的意义。换句话说,绘画与原型的关系,并非削弱原型的自主性,反而是在拓展和丰富原型的存在。原型通过绘画这扇窗,实际上是在对自己的存在进行一种深刻的探索和表达。

以著名的《蒙娜丽莎》为例,这幅画作虽然基于一个具体的人物原型,但其所展现的深远意境和神秘微笑,早已超越了原型本身,成为一种跨越时空的艺术力量。当这

◇ 毕加索《格尔尼卡》

>>> 你的感受，画面的呈现，作者的原意，是一还是异呢？

幅画作完成的那一刻，它便不再仅仅局限于原型所处的历史文化背景，而是携带着原型的精髓，向未来敞开，开始在时间的长河中绽放其独特的魅力。每一个观赏者，都会根据自己的历史背景和审美理解，为这幅画作赋予新的意义。因此，绘画并非对原型的简单模仿，而是一种带着原型走出原型的创造性展开。正是这种展开，使得艺术真理得以显现。倘若绘画只是停留在对原型的机械复制上，那么艺术的真理将被遮蔽，绘画本身也将沦为一种难以解读的谜团。从这个角度来看，绘画不仅具有了本体的意义，更获得了相对于原型的真理合法性。当绘画与观赏者的心灵相结合时，原型（即真理）便得以展开为新的真理阶段。这便是艺术真理的本质所在，即一种视域融合的真理。

绘画作为一种独特的艺术形式，既扎根于原型，又超越了原型。它通过创造性地展开原型的内在意义，与观赏者共同构建了一种视域融合的真理。这种真理不仅赋予了绘画以本体意义，更让我们在欣赏绘画的过程中，得以窥见人类心灵与宇宙的无限奥秘。通过深入分析艺术真理的具体案例，我们可以更广泛地理解到，视域融合的理解结果与被理解的、处于历史某一特定节点的"原文"之间，构建了一种相互印证的真理关系。这种关系就像是一场跨越时空的对话，每一次的视域融合都像是对话中的一次交流，每一次交流都使我们对真理有了更深入的理解。

以文艺复兴时期的绘画为例，那时的艺术家们通过对古希腊罗马艺术的理解和模仿，创作出了许多杰出的作品。这些作品在当时被视为艺术的巅峰，但随着时间的推移，后来的艺术家和观众又对这些作品进行了新的理解和解读。这种理解和解读的过程，就是一种视域融合的过程，它使得这些古老的艺术作品在新的时代背景下焕发出了新的光彩。

视域融合的真理并非静态的、一成不变的，而是一种动态的、不断发展的真理。它就像是精神科学中的实际真理结构，随着时间和历史的推移而不断向前发展。在这个过程中，每一次的视域融合都具有其独特的本体意义和真理的合法性。被理解的"原文"，无论是艺术作品、文学作品还是哲学思想，都作为真理探索的起点，在时间的长河中通过不同理解者的解读而逐渐展开其深层含义。以莎士比亚的戏剧为例，他的作品在不同的时代被赋予了不同的解读，每一个解读都是对其原作中未被完全展开的因素的进一步挖掘和阐释。理解者由于其自身的历史性，会不断地与"原文"进行视域融合的辩证互动。这种互动就像是一场永无止境的对话，每一次对话都会让我们更接近真理的本质。在这场对话中，每一次视域融合的结果都是对真理的一次新的揭示，都是真理的"一面"。因为人类的认识能力有限，我们只能逐渐地、一面一面地认识真理，而真理的全貌则始终面向未来，等待着我们去进一步探索和发现。

这就是视域融合真理的本质结构：一个动态的、不断发展的过程，通过不断的视域融合，我们逐渐接近真理的核心。每一次的融合都是一次新的启示，每一次的启示都让我们对真理有了更深入的理解。而这个过程，就像是一场永无止境的探险，引领着我们不断前行，在追寻真理的道路上越走越远。